激发人与组织
共成长

谭雄鹰 著

潜能教练

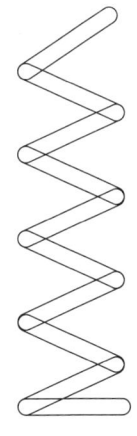

中信出版集团 | 北京

图书在版编目（CIP）数据

潜能教练：激发人与组织共成长 / 谭雄鹰著 . -- 北京：中信出版社，2023.4
ISBN 978-7-5217-5490-2

I.①潜⋯ II.①谭⋯ III.①管理学 IV.① C93

中国国家版本馆 CIP 数据核字（2023）第 044648 号

潜能教练——激发人与组织共成长

著者：谭雄鹰
出版发行：中信出版集团股份有限公司
（北京市朝阳区东三环北路 27 号嘉铭中心　邮编　100020）
承印者：北京盛通印刷股份有限公司

开本：880mm×1230mm　1/32　印张：10.75　字数：242 千字
版次：2023 年 4 月第 1 版　印次：2023 年 4 月第 1 次印刷
书号：ISBN 978-7-5217-5490-2
定价：69.00 元

版权所有·侵权必究
如有印刷、装订问题，本公司负责调换。
服务热线：400-600-8099
投稿邮箱：author@citicpub.com

目录

前言 V

第一部分
成为：管理者成为潜能教练 _ 001

第一章　突破成长天花板，具备管人理事新能力　003
　　让员工感受不到意义的绩效，是"有毒"的绩效　003
　　没有管理者的自我超越，就没有组织的成功转型　011
　　潜能教练致力于激发潜能　021

第二章　五大原则和三大思维是潜能教练的原动力　035
　　五大原则是潜能教练必备的内在素养　035
　　三大思维构建员工与组织的潜能激发环　051

第三章 七项关键能力让潜能教练游刃有余　061

给予信任：创建轻松的、有安全感的氛围　062

合作共创：设定方向，明确共同目标　069

有力发问：启发深思，开启潜能探索　077

整体聆听：进行强有力的沟通，深度连接　088

促进行动与承诺：知道更要做到，付诸实践以达成结果　095

成长反馈：正向引导，支持员工在困境和挑战中成长　101

稳定的教练状态：自我觉察越深刻，激发潜能越有力　116

第四章 身处系统又超越系统，让潜能教练心智跃迁并保持稳定　123

自我觉察对管理者来说意味着什么　123

自我突破提升能级，价值观引领决策　140

真实地面对自己，才能理解并支持他人　150

实现多角色的平衡，收获人生的整体价值　163

第二部分
作为：持续激发员工内驱力，驱动组织价值共创 _ 177

第五章 员工越有内驱力，越有组织归属感和创造力　179

让员工目标与组织目标保持一致　179

激发员工原动力和创造力　189

激活团队潜能，创造性达成目标　205

第六章 教练式绩效反馈：发展员工能力，助力组织目标 229
　　绩效反馈挖掘能力、激发动力，助力目标对齐 229
　　触碰盲点，对绩效差距做反馈 236
　　走出失败、卡壳等负面状态 245
　　为反馈主动寻求反馈 252

第七章 培养传承：让下属成为真正的管理者 259
　　支持新晋管理者实现成长跨越 259
　　支持虚拟团队负责人"打怪升级" 269
　　企业案例：支持后备队伍能力、业绩双提升 284

第八章 人与事共振：员工能力建设和组织发展互相促进 297
　　提升队伍能力，以满足业务发展需求 297
　　驱动员工和组织能力转型 309

后记 323

前言

数字时代对组织和各级管理者发出了全新挑战。绝大部分组织缺乏创新和创造力，因此其在市场、技术、产品、运营等方面的能力较难满足不断增长的数字化发展需求。从人力资源角度来看，组织中的各级管理者理应是组织能力的洞见者、构建者和培育者。管理者若要保持组织前瞻性的引领地位，就需要强化自我认知，正视自身局限性，激发持续学习力，追求内在成长，实现知行合一。

与此同时，在数字时代，科技、知识、人才、数据、管理成为全新的生产要素。科技创新驱动产业升级换代，离不开符合时代和发展需求的人才。因此，组织要求各级管理者激活科技人才、专业人才、专家型团队管理者的能动性和创造力，但管理者却发现，之前那种科层制、流程化、指令性的管理方式在人才身上不见效了。激发人的能动性、创造力来达成工作目标，实现个体与组织的共同成长，无疑对管理者提出了更高要求——具备管人理事的新能力。

本书从人力资源价值创造的角度出发，为数字时代管理者的成长突破提供了全新的解决方案，帮助管理者直面组织发展新要求：以激发内驱力为切入点，突破自身成长天花板，实现心智跃迁，成为潜能教练，具备管人理事的新能力，最终达成激发员工内驱力、激发团队潜能、创造组织价值的目标。

　　全书贯穿了以人为本、成果导向、知行合一、人与组织共创共赢的系统发展理念。本书回答了管理者为什么要成为潜能教练，成为潜能教练要具备什么样的内在素养、思维与能力，如何在管理场景中成为潜能教练，以及潜能教练如何在组织中持续激发员工内驱力以共创价值等问题。潜能教练的成长必然经历心智跃迁，而这不能一蹴而就，需要刻意实修、自我觉察、自我塑造。自我觉察意味着不断清晰化自我认知，在组织系统、生命系统中展开多角度的参照与对比，做出超越系统的选择。自我塑造意味着让自身行动与选择保持一致，实现知行合一和多角色平衡。

　　本书基于人类天生具有理解自身、理解世界的能力与渴望，人所独有的追求存在的意义是参与社会活动、促进发展的内在驱动力这一逻辑，以及这样的假设：每一个人、每一个组织都富有潜能，管理者在潜能激发中发挥着重要作用。无法激励自我的管理者无法达成对员工和团队的激励。真正的潜能激发是心智成长，而人只有找到内在驱动力，才能得到真正的成长。人的自我激励是一个持续、诚实的探索旅程，能向内探索自我力量，获得可持续的自我成长。潜能教练通过教练对话[1]激发员工内驱力，激发人和组织共成长，这为管理者在组织的数字化发展进程中提供了一种迎接挑战、解决问题的全新视角和可能。

本书阐述了管理者成为潜能教练并在组织场景中发挥作用，以达成价值共创的全过程。本书分为"成为"与"作为"两大部分，从理念、对象、场景三个层面展开。

在理念层面，本书将教练的思维、心智、能力与日常管理情景相结合，归纳为新的管理哲学；阐明了潜能教练对管理者、员工及组织的价值，构建了从管理者激发自我、激发员工潜能到激发组织成长的潜能激发环；描述了潜能教练的五大内在素养——好奇、欣赏、尊重、相信、激发，以及体现五大内在素养的行为标识和三大思维——以人为本、成果导向、价值共赢；呈现了发挥潜能教练作用的七项核心能力：给予信任、合作共创、有力发问、整体聆听、促进行动与承诺、成长反馈、稳定的教练状态。

在对象层面，尽管成为潜能教练后的管理者服务对象很宽泛，但本书着重阐述管理者在学习成为潜能教练的过程中，如何结合管理场景自我觉察、自我教练，实修成为真正的潜能教练，并超越组织系统，让自我心智跃迁到一个更高、更宽、更稳定的系统中。

---

1 教练对话指潜能教练与员工（受教练者）之间展开的有目标的沟通。员工（受教练者）围绕由自己设定的、想要探索的话题和达成的成果，通过潜能教练的提问，并经由问题引发深思，在一问一答之间，推动觉察的深入，激发内在潜能，从而找到解决问题、达成目标的创造性方案和成果。在教练对话过程中，潜能教练的工作方式表现为提问、聆听，以及简单的复述或回应。员工（受教练者）顺着教练的提问思考，并表达自己的思考内容与感受。

在场景层面，管理者先教练自己再激发员工，从而激发人和组织共成长，并针对组织中的员工、新晋管理者、虚拟团队负责人、创新型团队、后备管理队伍、关键业务部门及其负责人等不同对象，结合日常管理面临的挑战与探索方向，开展分场景的教练对话、教练式绩效反馈、研讨等，并提供一整套工具、流程和方法，以激发员工与组织共创价值。

本书最大的特点是原创性与实战性。所有关于内在素养、思维、能力、行为、场景、工具、方法、流程的描述及实例，都是作者在十多年的管理实践中，有意识地经由持续学习、探索、体验、积累得到的过程性结果，随后运用在培养潜能教练、激发员工和组织潜能的过程中。

潜能教练的独特之处在于：在带领团队完成任务时，使用全新的教练对话方式，支持员工开展深层次的内在价值探索，使得个体潜能经由探索被看到、被激发，并持续校准个人目标与组织目标的一致性。受教练者最终会清楚自己真正想要的是什么，什么对自己而言是最重要的，如何具备新的策略与能力去迎接新的挑战，如何在组织平台上找到与个人价值诉求一致的点，如何真正对目标担负起责任。这是层层深入并打开个人心智模式和产生内在觉察的过程，也是不断使自身富有勇气和责任心的过程。

我不能确保每一个人都在教练过程中实现心智的成长，但能确保的是，他们经由教练对话，可打开一扇自我探索的窗。对大型组织而言，仅仅依靠统一目标来推进工作的效果并不理想。通过潜能教练来激发组织中关键人员、关键群体的潜力，不仅有助于个体的成长，还能经由个体的心智成长、能力提升及行为变化，带给团队、组织更为积极有效的潜能激发，并由此形成一个从个体、团队到组织的潜能激发环。这对处于转型中的组织尤为必要，拥有了它就如同找到了第二条能量增长曲线，获取了后续发展潜力的增长来源。

在组织中无法培育起教练文化的根本原因不在于教练思维、工具本身，而在于管理者自身。教练文化的落地取决于管理者对人的重视程度，以及如何提高人的认知境界与能力水平。知道有教练这回事，懂点教练工具与流程，并非有效的解决之道。大部分管理者经由管控思维习得的管理能力已被打上了很深的烙印，稍不留神他们就会在情急之下重回老路。管理者的管理习惯从"有事无人"转为"谋事必先谋人"，是教练文化得以生成和发展的基础。管理者需要刻意训练，只有在工作场景中对教练能力融合性应用、多频次灵活调用，直到其成为肌肉记忆，才有可能成为教练型管理者。

本书适合企业中的各级管理者阅读。

如果你打算通过学习潜能教练这个专业技能，以支持自我成长，并服务于你所管理的团队和企业，那么本书应该能帮到你。你会在现有管理技能的基础上，叠加潜能教练的基本能力，并拥有一套新的思维框架以及工具，成为一名更有力量的管理者，更具凝聚力和引领力，能够激发员工潜能、提升团队活力、达成组织目标。

如果你所管理的团队中有大量的80后、90后甚至00后，或者你所管理的对象主要是知识型员工、科技人员、创新型人才，那么本书对于让你拥有与这些群体开展对话的能力，提升团队工作绩效，也会有很好的帮助。我的教练实践经验主要来自与各级管理者的教练对话，也有很多是来自与80后、90后的对话实践，我相信你能从他们身上学到的绝对超出想象。

如果你和我一样，也是一名人力资源或者学习发展工作者，那么本书为你提供了如何经由潜能教练开展与业务伙伴的对话，探索业务目标达成背后的关键需求，进而找到创造性解决方案的实例。

本书针对潜能教练的五大原则和七项核心能力，不仅提供了相应的定义，还提供了具体行为描述以及关于能力的训练，以便读者练习。

针对潜能教练面向的六类对象，本书总结了常见的探索焦点及挑战场景，并提供了针对性的对话示例、工具与流程、表单。书中涉及的教练对话的完整内容或片段，都是在征得多方同意，做了必要的、综合的信息处理后写入本书的。

事实上，本书还适用于专业教练和商业教练，为外部教练进入组织开展教练活动提供了新的视角。类似由组织方发起的长期教练效果评估等原创方法，相信不会令人失望。

我诚恳地邀请你阅读本书，邀请你一起踏上旅途，并提供观察、反馈与指导。

第一部分

成为

管理者成为潜能教练

第一章
突破成长天花板,具备管人理事新能力

让员工感受不到意义的绩效,是"有毒"的绩效

管理者通过管理员工来达成组织的高绩效目标。真正的高绩效并非简单地完成指标,还需要满足"实现"和"享受"两个维度的条件:一是超额完成设定的目标;二是员工自己想把事情干成,并享受在工作中达成目标的过程。员工如果感受不到工作的价值与意义所在,就享受不到工作带来的快乐,容易停留于机械执行的层面,缺少动力与创造力。即便他完成了阶段性考核目标,这样的绩效也不可持续。内心缺乏对工作价值与意义认同的管理者和员工,与流水线上的机器人没有本质上的区别。管理者最后也会因为一味追求指标,把团队带入无法自拔的数字陷阱,而各种对指标和数据的人为干预也会严重破坏组织的经营状态和文化氛围,阻碍组织的发展。

一、KPI让组织内卷，OKR受制于能力、资源

周一早晨，立得发起一个重要的部置会议，该会议是关于在事业部全面推行OKR（目标与关键结果）管理的。

每年年末，事业部从总部领回下一财年的全年指标，并在总部指标的基础上适度上提额度，再进行分解，将KPI（关键绩效指标）落实到事业部的各个部门。围绕指标的"你家少我家多，你占便宜我吃亏"的讨论犹在耳旁，但上周整个行业的半年度发展数据出来后，立得整个人都僵住了。行业的发展速度远远超过了事业部年初设定的指标，而表面上，各个部门的执行进展都比较理想。但立得心里明白需求在变，商机远超想象。

他突然想起来曾经一位员工对他说的"你考什么，我就有什么"，不由得倒吸了一口冷气。

人到齐后，会议就开始了。大家对实行OKR管理并不反对，最关心的是与OKR管理相配套的奖金包和激励办法。立得安排人事经理对奖金额度和激励办法进行解释，特别强调奖励与目标完成挂钩且"上不封顶"。会议很顺利地结束了。各部门都领到了一个任务——在下周一前正式提交各个部门的OKR。

晚上立得回到家，正巧儿子也回家吃饭。儿子是一家创业公司的合伙人，立得就和儿子讨论：OKR和KPI，到底哪个更好？儿子一听就来劲了，调侃着说："这不就是被打的说吊着好，吊着的说被打好吗？结果就是'吊打'。"立得紧接着问："为什么？"

儿子直接回答："不管是KPI还是OKR，员工如果没有工作的内驱力，就算是把指标做出来，也不会创造出超出期望值的业绩。KPI是部门主任和你之间的博弈，员工围绕指标工作，完成多少指标就得到多少奖励，可以完全不顾市场和客户需求的变化；OKR是部门主任之间的博弈，但没有一个自主设定的目标是真正高难度的，因为这跟他们最后得到的奖励有关。他们知道更高的目标需要更多的资源投入，而资源总是有限的，同时更高的目标也意味着需要突破能力瓶颈，而能力培养又需要时间，甚至需要机制创新的支持。如果这些条件的实现都有难度，那么各部门一定会基于现有能力来制定目标，而不是从客户需求出发去提升能力。长此以往，团队就会缺乏直面客户需求的能力。"

听到这里，立得不禁吸了一口冷气，着急地问道："KPI、OKR都被你说成了博弈，那你说怎么办？"

儿子不紧不慢地说："KPI、OKR都是外在驱动力，什么都比不过'我自己想要干成一件事，想要达成一个目标'，后者是队伍的内驱力。有内驱力的团队才能真正地自我管理。那些五花八门的指标考核，说到底都是管人的工具。要知道，是人管理工具，不是工具管人。"

立得看着儿子，似乎找到了一种新的可能。

我无意通过上述故事去批驳KPI、OKR，只是想表达：所有的组织制度设计必须考虑组织的人性面。组织是以一套客观的操作规则来协调、影响具有主观能动性的人和组织之间的关系的。设计制度的是人，落实制度的也是人，制度的对象还是人，也就是说，是人在起作用并深刻地影响着组织。

鉴于KPI带来组织内卷，而OKR若与绩效考核相关联，可能导致能力被禁锢，且受资源限制，组织也会被禁锢在指标里，因此KPI、OKR局限于内部运作，无法触及客户。绩效考核作为指挥棒发挥作用，表现为：组织提出的KPI、OKR考核什么，员工就必须完成什么，组织就奖励什么，还经常根据需求做动态调整。上级和下级之间的指标考核管理有时候是"猫捉老鼠"，有时候则是"老鼠戏猫"。慢慢地，组织的价值导向和运营生态就会受到影响。指标是人设计的。那些可能因灵活的人际周旋而获得指标倾斜、考核倾斜的团队，可以用相对少的努力获得同样的报酬。过度强化的KPI、OKR，会使企业走形。潜在的危险是让员工失去了找寻工作价值的过程和心态，限制了他们的想象力和创造力——员工变成为指标而工作，感觉被指标压得透不过气来，逐渐丧失理解工作意义的能力，失去自我探索工作动机的好奇心，感受不到工作带来的快乐。企业必须看到：组织不缺制度，最缺的是内生力量——队伍的自我驱动。队伍有内驱力，组织才有生命力。

二、忽视人的内在成长，组织转型缺乏持续动能

（一）背锅的不该是执行力，出了问题的是驱动力

组织要想转型成功，离不开新动能的助力。管理者和员工队伍的转型意愿和能力，是组织转型动能的主要来源。

现实中，在战略目标设定后，面对目标达成进程中的业绩不理想、速度偏慢等问题，组织很容易将其归咎为"执行力有问题"。真的是执行力有问题吗？显而易见，背锅的不该是执行力，因为出了问题的是驱动力。在这里，执行力并不是通常所说的"照我说的去做""把我提出的方案落实好"。组织执行力包含队伍对战略的认知、落实的意愿、推进的能力，以及最终达成的成果，是意识、能力、成果的组合。如果组织要去往一个"地方"，但队伍缺乏相应的认知、意愿，也不具备转型所需的新能力，组织就无法到达目的地。

为什么要转型？转型能带来什么？这是每一位管理者和员工在转型中都会思考的问题。短期来看，奖金、荣誉、岗位晋升确实能发挥作用，然而它们都只是驱动工作的外在力量。真正让一个人做出持续改变并得以成长的是内驱力。对于人的成长，没有比内驱力更为持久的力量了；对于组织的成长，没有比队伍的内驱力更为宝贵的潜能了。

我们来看一个关于外在驱动力产生影响的案例：

> 因为转型的需要，一家企业急需对队伍进行能力换血。人力资源部发布公告：对具备某项技能资质认证的员工重奖。一时间，大家纷纷开始学习，并且在很短的时间内通过了考核，拿到了奖金。可是没过多久，基层传来消息：那些考到证书的人并不愿意从事新岗位的工作，他们还是喜欢待在原来的部门做自己习惯的工作。这可急坏了人力资源部的人。

于是，他们心生一计，又出了一则公告：获得证书的员工如果愿意转岗，就可以晋升。这再次激励了其中一批持观望态度的持证人。于是，有一批人转岗到新部门。但没过多久，人力资源部就接到了新部门直线经理的报告：那些奔着晋升来的员工，是工作任务找他们，而不是他们找活干，他们就像算盘珠一样，需要管理人员拨拉才能动起来。人力资源部提了一个建议：对他们加强战略方面的宣传教育，使他们加深对战略的理解。

这样做起到的效果又是什么呢？每一个人对工作价值与意义的认同，都来自内心。任何外在的灌输、教育、引导，如果无法触动内心，就无法让人主动做出行为改变。员工只有发自内心地想把事情干好、干成，把工作当成事业，才会有主动性和创造力，才能为组织创造更多价值。

（二）人的真正成长是内在成长

人本主义中对"自我"的追求，是超越"小我"的"大我"。人本思想是以人为中心，关注人的发展，关注自我成长，而不是以自我为中心，更多地强调人对自己的成长与发展负有责任。只有对自己的生活点滴负责任，做出承诺并付诸实践的人，才能实现自身的全面发展。

很多人不知道自己真正想要什么，他们自动屏蔽了自己内心发出的声音，单一地把所有的外在评价和驱动指标作为衡量成长的标准。或许他们从未想过，外在认可及被授予的任何东西事实上都不属于自己，如果内心没有准备好去接受一个过高的外在荣誉，荣誉就会转变成前进的脚镣。曾经有一名科技人员在接受荣誉后，总是担心身边的队友赶超自己，从而保不住这份荣誉，因此把关注点停留在如何保住荣誉上，于是在处理自己与他人关系时充满防范、竞争、嫉妒。长期在外力驱动下工作，人就会变得不再是自己的主人，而成为别人要求的人，成为指标的奴仆。

人真正的成长是内在成长。所有让人持续内在成长并最终蜕变的力量都源于自我驱动。内在成长是人深度探索、觉察内心世界并实现心智跃迁的过程。人经由不同阶段的探索、突破、跃迁，直至维持在一个相对成熟的状态，做出内外一致的自主选择、主动改变，并在各种关系（与自己、与他人、与周围环境、与世界）中持续修炼、精进。这一过程可以被描述为：在听到自己内心的声音后"破茧而出"，主动、持续地学习、探索和改变。

人最可持续的改变动力来自清楚地知道自己真正想要的是什么，什么对自己最重要，自己想成为谁，自己想过一种什么样的生活。对这些问题的探索，会让人深入内心，触及最核心的价值观、信念、身份、目标、使命、愿景。我们有了这样的内在觉察，就可以清楚地看到自己、认识自己、接纳自己。只有这样，我们才能让自己活明白，活出想要的状态，激发自我改变的动力，付出持续的行动和承诺，不断朝着目标前进。

当然，外在驱动力也能激发人的行为改变和认知提升，但与内在驱动力相比，后者更为持久，且更有利于人的全面健康成长。此外，经由外力驱动实现内在成长，也能让人在行为改变过程中，进行自我审视与总结，从而提升认知。组织发展也一样，由外力驱动转型是一种方式，但是激发内生力量更有利于获得持续发展。

（三）忽视人的内在成长，员工与组织缺少目标一致性

员工的起心动念着实影响其对工作意义的理解，而心念又取决于人的内在意识。我们很容易感受到以下两种状态的区别：一种是发自内心地想把事情做好，确保完成计划；另一种是要求自己把事情做好，确保完成计划，以获得晋升机会。前者是自驱力，后者是外驱力。此外，前者对工作的体验与评价，不受外在评价标准的影响，后者则相反。

组织发展离不开人，组织创造力尤其与人有关。忽视人的内在成长，短期内影响不明显，长期来看则会危及组织的基业，而其症结在于组织和员工缺少目标一致性。越是大规模的企业，越容易犯这个错误。

绩效管理最重要的一点是目标的明晰一致。管理者能做到"目标明晰"，但易忽略"目标一致"，这是绩效管理的认知误区。"目标一致"并不局限于各层级的部门目标与整体目标保持一致，更为重要的但也经常被忽视的是，员工的个人成长目标与组织发展的目标保持一致。那些保持高绩效的员工往往更富有内在自驱力，他们更明白自己工作是为了什么，组织需要什么。对比那些

不知道自己的目标是什么，更多依赖外力驱动成长，不时需要外在认可与激励的员工，组织中的高绩效员工更善于自主"觅食"。他们不会坐等一个大饼挂到自己胸前，而是会主动寻找让自己能力得以发挥、拓展和提升的工作机会，如同一匹不用扬鞭自奋蹄的小马，拉动组织这辆大车前进。

组织重视人的内在成长的必要举措有：激发员工找到成长的内在驱动力，支持、引导员工在组织的平台上，把想要实现的自我价值与组织的发展需要结合起来，找到服务组织的立足点。这是组织发展必须要做的"目标一致"工作，也是各级管理者管人理事的首要任务和能力挑战。

没有管理者的自我超越，就没有组织的成功转型

管理者是组织能力重塑的关键。真正对组织成功转型产生阻碍的往往不是组织外部的客观现实，而是管理者自身不具备新的意识、能力，他们既不能创新组织的流程、制度、文化，也不能满足组织转型需要，带好队伍，激发员工转变思维、提升能力，达成新绩效。以其昏昏，何以使人昭昭？管理者需要完成自我超越和自我转型。

一、模糊或错误的自我认知导致管理漏洞百出

人了解自己是有局限的。自我认知包含自我观察、自我反思、自我评价三种方式。人要把自己抽离出来，以旁观者的视角来看

自己，进而思考、觉察、改变。按照熟知的冰山模型，自我认知的内容大抵包含呈现出来的知识、技能，以及冰山之下的综合能力、个性特征、动机、价值观等。各类测评工具都为自我认知提供外在参考。有必要说明的是，人在理解自己的起心动念、行事风格时，通常会基于自己希望的样子做出解释。确切地说，人对自己的理解、评价会"手下留情"，趋向"好"的一面。不了解自己这座"冰山"，不清楚自己想要什么，属于自我认知模糊；自视过高、过低，都属于错误的自我认知。

管理者营造并影响着员工所处的环境，管理者的自我认知及其展现的能力、行为都会影响员工和团队。托马斯·F.吉尔伯特（Thomas F. Gilbert）的BEM（行为工程模型）[1]把75%的影响绩效提升的因素都归结为环境因素（支持员工开展工作的数据、要求、反馈占35%，资源、流程与工具占26%，结果、激励与奖励占14%），而个体的知识技能、天赋潜能、态度动机三项内容占25%。绩效改进理论强调把占比高、影响大的环境因素作为提升绩效的重点改进方向，对工作场景中影响绩效提升的各类因素进行优化、改进，最终使其工具化、流程化、制度化。而事实上，75%的环境因素都是由管理者创造、提供并影响的。与个体相关的25%的因素也受管理者的影响。这从侧面说明，管理者的转变和工作创新对更快、更有效地提升组织绩效来说是关键。

管理者主要负责三个任务：首先，整合要素，实现目标——用特

---

[1] Thomas F. Gilbert, *Human Competence: Engineering Worthy Performance* (San Francisco: John Wiley & Sons, 2007).

定的经营管理逻辑，将人、财、物等要素组织起来，以取得成果；其次，规范行为，营造氛围——引导并影响人与人、人与工作任务、人与组织环境之间的关系，这也被认为是在创造组织的能量或场域；最后，建立认知，明确决策标准——认识动态变化的内外部环境和组织自身，并做出假设，以确保组织顺应变化，跨越障碍，实现目标。管理者怎么认知自己，就怎么开展管理活动。

没有一名管理者能逃脱自我认知的挑战。人理解自我的真实与深刻程度，会影响人对外部世界的理解。管理者基于对已知世界的认知，做出面向未来的判断，但他如果看不到自身局限和盲点，就可能沿袭惯性思维，用旧有的经验指导现在的工作，而这有损组织发展。过去的经验塑造了我们，但曾经成功的助跑器也有可能成为战胜新挑战的绊脚石、拦路虎，让我们固守在熟悉区域，看不到变化，并认为只有"这样"才是正确的。

有的管理者因为有丰富的从业经验，习惯说："你就照我说的做。"长此以往，团队应对变化的能力、创造性解决问题的能力就会慢慢地减弱，专业自信也渐渐丧失。团队成员也习惯于依样画葫芦，让干啥就干啥，让怎么干就怎么干。当客户提出新需求时，他们不敢也不能直接回应客户的要求，委婉地表示要回去请示。

看不清自己就看不清外在环境，而缺乏澄明的认知，看什么都会模糊和扭曲。明智的管理者善于倾听来自不同方向的意见并作为决策参考。那些明知人有认知局限，却不刻意进行转变的管理者，即便听到来自不同方向的意见，也无法进行综合分析，得出符合价值标准的决策。他们始终没有跨越认知障碍，不知道自己真正想要的是什么、组织真正需要的是什么。

二、具备超越的勇气，担负起成长的责任

你的过往经验是否正在成为你的发展瓶颈

不管你是否愿意，人类都已经进入数字时代。不同的组织都在回答同一个问题：如何顺应时代、满足客户之需，以达成组织数字化转型发展的目标？

你在管理岗位也有些时日了，接下来你也许升职加薪或轮岗；也许还在这个地方，被动地上传下达；也许还是"千年老二"，分管一摊。有一天，你突然发现，好像自己的能力、思维有点跟不上了。对于那些不断涌现的新趋势、新概念、新技术，你想学又总是没时间学，不学又感觉自己跟不上了，学了又觉得原有的东西用不上有点可惜。同时，每天大量的事务、考核指标总是让你如救火队员一样忙得喘不过气。你在想：我究竟是为了什么？接下来我该朝着哪里发展？

无法对自己负责，就无法对组织负责。对自己负责需要自主承担组织赋予角色的责任。自主是自己主动做出选择；承担不仅体现在认知层面，还落实在行动中。真正对自己负责的管理者，

需要持续围绕设定的目标，聚焦管理自己的时间（time）、行动（action）、承诺（promise）、能量（energy），而这恰如刻录担责的"磁带"（TAPE）。那些设立了目标但没有刻录"磁带"的管理者，难负其责，也很难走上转型之路。

对自己负责需要具备超越自我的勇气。古希腊哲学家亚里士多德认为，勇气是极端危险的鲁莽和令人萎靡不振的怯懦之间的一点。管理者的畏惧之心很可能驱动他们迈向其中一个极端，而自信、希望、乐观和得意也会使他们迈向另一个极端。

勇气从何而来？勇气更多时候来自责任。而看上去似乎被赋予的责任，实际上都是我们自己权衡后的选择。这份选择让我们需要担负起特定的责任。对责任来说，勇气的本质是一种持久的耐性，而非瞬间的热血。它是由知识、道德、情感甚至体能共同构成的力量。凭借这股力量，管理者才能为组织和个人做出合理又极难实现的承诺。勇气也是一种通过努力奋斗和创新去实现承诺的力量，包含长期脆弱状态下的忍耐和坚持，以及心甘情愿去冒险、牺牲，并顽强地追求更高、更远的目标的精神。

勇气"是将生命的积极影响和消极影响区分开来的分界线"[1]。戴维·R.霍金斯（David R. Hawkins）基于长达20多年的人类能量图谱研究得出一个结论：人的能量是有层级的，勇气的能量级

---

1 戴维·R.霍金斯.意念力：激发你的潜在力量[M].李楠，译.北京：光明日报出版社，2014.

为200，能量级在200以上的人，在面对支撑生命的能量场时，反应是积极的。人只有在这个层级以上，才能真正获得能量。

霍金斯的研究还指出，勇气是人的主动性得以激发的起点。当一个人拥有勇气并且能量稳定时，他从这个世界上汲取了多少能量，就能回馈多少能量。而那些能量级较低的人或群体，都只索取不回报。

人的成长都是从管理自己开始的，首先赋能管理者的是管理者自己。管理者首先是自己生命的领导者，有勇气引领自己的人生，进而引领员工，助力组织。

三、谋事必先谋人，带队伍带的是心

（一）管理者的真正业绩是队伍成长

当弗雷德里克·泰勒（Frederick Taylor）在近一个半世纪前创立科学管理方法的时候，人都是在流水线上工作，机器只需要控制、使用和修理。管理学从经济学中分离出来的最直接原因是，经济学家看到在价值创造与实现的过程中，人有能动性、创造力这两个资源特征，人以及人的意愿、态度、思想更需要被管理。这才有了管理理念与管理思想。

管理者需要严谨且诚实地理解自己的角色定位，并且对自己能发挥的作用有自知之明。绝大部分管理者是高绩效的个人贡献者，同时在促进员工成长、组织发展方面，因时因势做出改变。

当你的团队中有越来越多的90后、00后时，他们似乎跟你不在同一个次元，也并不像你当初入职时候那样——安排做啥就做啥，不折不扣完成任务。他们也不像你一辈子只想在一个单位好好地干下去。他们经常会表现出很想成为斜杠青年的样子。他们人在会议现场，可是心却在神游。他们对那些不感兴趣的事情假装在听，但实际上过耳就忘。你突然发现，传统的管人方式不灵验了。看着他们年轻的脸庞，你在想：怎么把他们的活力激发出来呢？

抑或在你的团队中，老、中、青三代皆有。老的说自己学不动了，也就相同于等退休了。中年的抱怨活越干越多了，总是让人多付出，却没见到实际的"收成"。年轻的嘴上说目标是共同的，可心里不这么认为，任务一增多，难度一提高，他们就倒给你抱怨和吐槽。你费尽心思地讲道理，可他们就是听不进去；工作刚有点起色，没几天团队又像泄气的皮球一样瘪了。而对于有些工作难题，你似乎也给不了指导。你以为可以凭借既往的经验启发团队，可实际的效果并不理想。你不由得心生焦虑：团队这么难带，自己戳不中要害，妙招现在不灵了。

管人理事确实面临着新挑战。管理者如果一味地沿用传统知识、过往经验，有时候就会让自己陷入尴尬的局面。管理者精心设计了一个周密的运营方案，而员工用几组代码就解决了整个团队要花一周时间才能完成的工作。管理者好不容易制定了一个营销政策，可是一个有趣的网络直播视频（IP引流）就让销售业绩持续攀升。管理者迟迟不愿启动发布会，想着以往都是线下模式，可以等等看，可是别家的发布会不仅启动了，还是新员工搞的数字人直播带货，效果出奇地好。

组织要发展，创新是第一动力，员工也有不竭的资源。所有的业绩都是管理者带领团队干出来的。管理者靠员工达成工作目标，以证明管理的成效。管理者真正的业绩是队伍的成长，而不是业绩本身。没有员工，就没有管理者。管理者与员工是有着同一目标的共同体。

尤其是在数字时代，人是数据要素的生产者、使用者，更是数据价值的创造者。管理者的管理理念同样需要与数字时代相匹配，重视人的潜能挖掘。谋事必先谋人，管理者要先激发人的活力，再进行创新与创造，从而实现既有队伍成长又有业绩达成的结果。

（二）管理者要有能力激发员工内心

心齐气顺好干事。归根结底，带队伍带的是心。优秀的管理者带队伍，能带出士气、能力、业绩。那些带不好队伍的管理者，不是自己累得半死，员工干不成事，就是让员工变成一堆散沙，关键时候上不了战场、派不上用场。队伍的活力和凝聚力全在于管理者是否有能力触及并激发员工的内心。

管理者"以心换心"并不只是用真诚、勇气、能力、品格赢得员工的信任，更重要的是花更多的资源与精力促进员工在工作中学习成长，让他们快速适应组织发展的节奏，在创造业绩中获得成就感。最早提出OKR的谷歌也将OKR调整为GRAD（谷歌员工评估和发展），专注于员工的发展、学习、进步。这都是因为员工，尤其是技术型企业的科技人员的能力更新与潜能激发，直接影响着组织生产能力的提升。

管理者需要用一种全新的方式去了解这群受新技术、新媒介、多元价值影响的一代，在看到他们的优势与禀赋的同时，应意识到他们需要在工作中得到磨砺的方面，意识到作为知识型工作者，他们有运用自己的知识服务组织的自主权。管理者需要用始终如一的工作标准和价值观引领队伍，并激发他们持续工作的动力，令其为完成自己设定并承诺的目标而工作。即便遇到失败或与达成目标存在差距，他们也要将其视作学习成长的机会，灵活调整应对，提升能力。

四、无法激励自我的管理者，就无法支持员工的自我激励

未经春夏秋冬，何知四季冷暖。所有的组织都把激励下属的职责赋予管理者，但却从来没有规定管理者由谁来激励。这是因为，管理者如果无法管理自己，自然就无法管理团队。能激励人心的管理者首先是善于自我激励的管理者。

自我激励的本质是自我驱动，因为内心的力量会激发人始终朝着自己笃定的方向努力。愿景、使命、身份、价值观、信念都属于一个人的内心力量，可以让人的能量保持在勇气这一能量级之上。当一个人的探索触及深层的内在世界，他就能了解自己来到这个世界，做什么事是始终充满激情和幸福的，成为什么人是梦寐以求的，为家庭、朋友、组织带去什么是充满价值感与有意义的。这一切都会让人增强自我理解，清晰化对事物的认知，建立起内心的安全感，激励一个人朝向未来，为自己的目标勇敢行动而不随波逐流，并真正地活出自己的人生。

自我激励并不是取得成功后的奖励，而是发生在目标设定之前和实现过程中，以及实现后再次设定新目标时，它会周而复始地出现在人的成长过程中。没有内心深处的渴望，就没有百折不挠的坚毅，也就没有在遇见艰难困苦时保持前进的韧性。那些成功的管理者必然饱受挑战的磨砺，在比自己强、让自己害怕、让自己痛苦的人和事面前，看到了局限，意识到了可能，并真正地投入新的行动，从而干成了自己也不知道是否可以干成的事情，成为自己未曾想到过的自己。

那些在挑战面前获得突破的管理者，可能刚开始时对自己究竟想要什么比较模糊。他们在经历中诚实地探索内心，然后明白自己为什么能坚持下来，以及那些始终盘绕在心头的使命究竟是什么。对于一些企业家、管理者而言，若用通俗的价值判断标准来理解，他们完全可以选择另一种更加舒适的生活方式。然而，始终有一种伟大的理想让他们没办法对自己说："就此打住，就地休息。"他们会选择持续地把工作当作一份事业，这是探索自我、渴望实现内在价值诉求的直接表现。

管理者需要明智地意识到，所有的自我激励都是人从内在主动发起的。很多时候你以为自己是在激发员工内驱力，事实上那只是在帮助员工激励他们自己。管理者真正发挥的作用是，身体力行地创造条件和环境，以帮助员工认识自己、相信自己，让他们潜在的力量被他们自身看到，然后与承诺、自我管理结合起来，从而产生自我激励。只有在这个时候，管理者才真正地支持员工开启了自驱成长。

潜能教练致力于激发潜能

ICF（国际教练联盟）对教练的定义为：

> 教练是客户[1]的伙伴，通过发人深思和富有想象力（创造性）的对话过程，最大限度地激发个人的天赋和职业潜力。

教练过程不是一个人单干，而是在教练与客户的对话[2]互动中，达成由客户自主设定的教练目标。

---

1 专业教练的"客户"，特指受教练者，是专业教练所服务、支持的对象，教练与受教练者开展一对一教练对话。而本书中的"客户"一词主要是指潜能教练服务的员工。如果特定的单位或部门为受教练者提供教练服务，那么特定的单位或部门被统称为"组织方"。
2 专业教练的"对话"源自英文中的coaching conversation，不是中文语意中的谈判，类似人与人之间有主题的谈话，也被称作"教练谈话""教练辅导"。谈话和辅导在语意上均有"教练在上"的意思，为了体现教练与客户之间的平等关系，本书使用"对话"一词。

教练作为一种职业，有特定的专业实践标准。因专注的领域、对象不同，教练有自己的细分定位，比如高管教练、绩效教练、团队教练、组织教练、修行教练、生活教练、转型教练等。

潜能教练面向人的天赋和职业潜力开展工作。它的假设是：每一个人在职场上都具有潜力，教练为其提供对话的框架与过程，让每个人与生俱来的潜能在职场这个特定环境中获得更大程度的发挥。激发程度没有限定，潜力的挖掘有极大的空间。

本书所定义的潜能教练特指组织中的管理者通过自我赋能成为潜能教练，激发员工内驱力，激励人与组织共成长。成为潜能教练的管理者，既要履行组织特定的管理职责，又要叠加潜能教练的内在素养、系统思维、关键能力，从而掌握管人理事的新能力。与组织外的专业教练相比，潜能教练的最大特点是：受组织愿景的引领，能经常性地融入日常管理情景，可持续地激发员工潜能和职业潜力，将系统性的以人为本、成果导向、价值共赢的教练思维与组织发展结合，在组织文化中凸显人的发展的重要性，实现员工、管理者、组织的价值共创共赢。

一、唤醒管理者自我实现的内在动力，锚定成长方向

自我实现并不是马斯洛（Maslow）的首创，而是戈尔茨坦（Goldstein）在1939年提出来的。它指的是人对于自我发挥和自我完成的欲望，也是一种使人的潜能得以激发的倾向。这种倾向是指一个人越来越像一个独特的人，成为他所能成为的那个人。[1]

自我实现是管理者成长的需要。管理者如果不重视自我实现这种最高需求，就永远不能理解真正的自己。人在一个岗位上待久了，会不知不觉陷入"自动导航系统"。这个系统是由环境、条件产生的程序，比如一种指标压力下的既定模式：每天照常运行，速度逐渐慢了，不久后系统出现冗余，人变得不再有激情、创意。这是系统需要版本更新，并且系统版本更新的发起人是管理者自己。

我有必要再次对自我实现的概念做出澄清。真正的自我实现建立在"对现实有更有效的洞察力""深层次的社会感情""放弃以自我为中心"的基础上，是基于自我实现者的体验的。它并不是语言层面所理解的那样，似乎有利己的意思，忽略了人的义务与贡献，忽视了个体与总体以及社会的联系。

深层次的自我认知是自我实现的起点。管理者有必要对一个事实保持敏感：权威之侧无坦率。事实上，管理者所能接收到的来自外在的反馈并不会很多。管理者需要启动自己的内在智慧，促进内在真正的觉察和成长。这需要管理者的自驱、主动，而自驱与主动又建立在自我意识的基础上，因为人只有意识到自己已经意识到的事物，才能学会驾驭自我意识。这种有意识的驾驶模式能

---

[1] 亚伯拉罕·马斯洛.动机与人格[M].许金声等,译.3版.北京：中国人民大学出版社,2007.

让管理者告别"自动导航系统",拥有超强的能力,唤醒内心沉睡的"英雄"。

在此,我借用课堂上一位学员的话:

> 这是一条改变思维方式的路径。在生活或工作中遇到困难时,你的第一反应是什么?可能很多人会抱怨,先列出几个客观原因来帮自己"放下"。当学习到教练的基本原则时,我首先学会的是放下抱怨,反躬自省,觉察到能够束缚自己的只有自己。我们拥有的资源那么多,我们有责任做到最好。我们只要保持勇敢和谦卑,就能汲取源源不断的能量和动力。我们都知道"井底之蛙"这个故事,我们也都明白不能故步自封这个道理。可是在生活中,我们还是慢慢活成了"坐井观天"的样子。教练的课程让我们勇敢地走出观天的枯井,看天地之大、见事物之多,人生也进入更广阔的天地。

也有管理者在转型成为潜能教练后,总结道:

> 我觉得最有帮助的学习内容是教练状态和觉察。这两个词刚听到时觉得既新鲜又简单,但实践起来却很不容易。比如上课时,我在白板上写下关于教练状态的近30个词,有好奇、陪伴、接纳、平静、觉察等,当时感觉这些词很简单。但是经过面向150多人、长达170个小时的实践,我才慢慢领悟到其中一些词的真正含义。通过这些年的实践,我深感不

断修炼，直至培养出教练状态才是我真正追求的。也只有这样，我才能培养出较高的觉察力，并成为最好的自己，从而帮助别人成为最好的他们。

自己很难被自己看见并理解、领悟。自己有多大的能量、潜力，自己也不知道。这里所说的"自己"并不仅仅是物理上的躯体，还涉及意图、关系、心灵、精神、能量层次等。人对自己的理解和领悟，是在对内心各种交织的声音的聆听中、对人与人之间的摩擦的探索中获得的。

管理者成为潜能教练，心智必然会经历深刻蜕变，跃迁至一个新的境界。没有彻夜难眠的痛苦，哪来黎明曙光的了悟。我不妨用埃尔温·薛定谔（Erwin Schrödinger）关于"量子跃迁"的解说，来讲解从管理者到潜能教练的能量跃迁过程。"量子跃迁"是从一种相对稳定的分子构形转变为另一种相对稳定的分子构形。发生跃迁可不只是简单的能级差，而是从初级到阈的能量差。[1] 在初态和终态之间，不涉及阈的跃迁对分子的化学稳定性毫无作用，也不会产生持久效应，在这种跃迁刚发生完，物质几乎就恢复到了初态，也没有什么能阻挡这种恢复。可见，管理者的能量跃迁也必须越过转变的阈值，才能实现。

潜能教练支持管理者积累心智能量，让管理者看到并相信更加真

---

1 埃尔温·薛定谔. 生命是什么？[M]. 张卜天，译. 北京：商务印书馆，2020：57–58.

实、完整的自己，最大限度地激发自我潜能，为自己的持续成长真正负起责任，不断趋于积极正向的发展状态并取得新成果，从而实现心智跃迁。

潜能教练为管理者的成长提供支持，帮助他们与未曾知道的自己建立起深层次的对话和强有力的联系，让他们清楚地知道自己真正想要达成的目标是什么，想要成为什么样的人，想要给团队、社区、组织乃至社会带来什么样的影响。这些高远而现实、充满渴望和挑战的目标，是每一个被激发了潜能的人为自己重新设定的目标，并且配有付诸实践的策略与行动承诺。

在成为潜能教练后，有一名管理者坦言他第一次知道了自己的价值观。

> 当初人事部门找我谈话，征求我的意见。对于是否转到另一个岗位，我不知道该怎么选择：一边是我喜欢的工作；一边是组织的安排，并且说有更好的发展机会。为了可能存在的晋升机会而放弃现在喜欢的工作，对此我的内心总是有种说不出来的感觉。幸好有教练对话的支持，它让我明白了自己真正看重的是成长。我之所以喜欢现在的工作，是因为这份工作不仅能带给我成长，还能帮助更多的人成长。如果组织需要我到新的岗位，虽然晋升是一个未知数，但我知道自己想要的是成长，那么即使在新的岗位上自己能学习的机会不多，能影响和管理的人也少了，我依然能给团队带来成长。这样一想，我心里透亮了很多。再说，在中层岗位待的时间

久了，换岗位也是正常的。以后再换岗位，我就不纠结了。

成为潜能教练的管理者，就此走上了一条终身学习成长之路。管理者被激活在不同环境和时段中，从不同的体系中汲取相关知识，使其成为对自己有用的一部分，并将其运用在管理与教练实践中，持续精进，融会贯通。

二、找到激发员工内驱力的"按钮"，使工作有创意

所有的自我实现必然是超越自我，在更大系统中做出贡献。管理者的自我实现不是在独善其身中打转，而是要基于所服务的组织和员工，不脱离其所在的平台。

一个善于自我塑造的人把自决（自主做出选择和决定）置于思想的中心，而更了不起的是其包含利他主义。潜能教练激发员工内驱力，可以激活组织成长，利员工，利组织。

> 我就像是一面镜子，简单、直接、清晰地对他的表述予以反馈。在对话中，我像剥洋葱那样一层一层地去挖掘他想要的答案……在愿景图出现的那一刻，他是如此惊喜，如获珍宝。于是他的语气变得更加坚定、有力，而行动计划的下一步也就在这样的一问一答中清楚地呈现出来了。

这是一位优秀的管理者通过持续学习和练习，拥有了潜能教练的技能，在日常工作中与员工开展教练对话时的感受。

人的潜能激发是人带着意图进行创造的过程。马克思认为，人的实现是一个通过自己的劳动而自我诞生、自我创造和自我发展的历史过程，因而历史实质上就是人的本质力量发展的历史。我们甚至可以这么理解：历史有其内在发展的特有规律，人在其中的意图、能力与行动的综合作用让人成为社会历史的创造者。可见，员工的潜能发挥直接影响创造力。

> 在学习成为潜能教练之前，我们部门每年的项目都是我自己安排的：目标明确后，就把项目任务分解到项目经理头上，并且规定完成时间。大项目总是需要我在后面盯着，因为一不留神就会有人掉链子。在这种情况下，他们会直接向我报告，等着我明确下一步该怎么办。
>
> 这两年我有意识地做了调整，通过教练对话提前了解谁最想接项目任务。当我问他们类似"你觉得这个项目的价值在哪里""为什么你想承担这个项目任务""你为这个项目设定的成功标准是什么"等问题时，员工容易直接发现他们比较在意的价值感以及自己能做主的目标设定，并且他们的回答和思考还启发了我，让我用不一样的视角去看待每一个项目。我也在想，难道提问真的这么有用？后来我发现，征询意愿本身就是激发。同时，由于是员工自己设定的目标，在具体推进过程中，他们的点子和办法其实比我的更多。

管理者要找到激发员工内驱力的"按钮"，其实并不难。管理者在日常场景中，用提问的方式征询员工的意见，从而按下神奇的内驱力"按钮"。有时候，一次探索未必能马上见效，但没关系，管理者可以不断将其运用于工作场景。只有真正探悉工作与员工内在的关系，管理者才算是真正找到了可持续发展的内在动力。

潜能教练把组织视作一个"组织人"。组织拥有由诸多个体组成的复合型人格。管理者和核心员工是组织的关键人群。潜能教练通过激发组织中关键人群的潜能来更大程度地激发组织的潜能，帮助组织克服障碍，把握新的机遇，塑造更加系统化、生态化的发展模式，并提供科学的解决方案，让其获得在变化中持续发展的新能力。

三、中高层管理者担任潜能教练，更利于人事共振

管理者成为潜能教练，并非意味着其不再需要基本的管理能力，而是意味着其要在原有的管理能力的基础上，叠加教练的思维、原则和技能，激发员工潜能，从而具备先人后事、管人理事的新能力，影响并促进团队达成绩效。叠加也并非简单的加法，而是指所有已成为肌肉记忆的管理思维与风格，借助潜能教练新的内在素养和能力，做出新的调整、扩展和提升，并重塑管理者自身。

组织内部的中高层管理者担任潜能教练，更有利于实现组织目标。相比基层管理者，中高层管理者有一定的管理资历，对组织战略和目标的理解更有高度性与系统性。同时，他们中许多人还直接负责事业群、专业线，担负着更具整体性与全局性的发展任务，这也决定了他们更加需要通过新的思维与视角来完成对自我与队伍的双重激发，以达成目标。

（一）成长不再局限于晋升，个人成长与组织需求要有新的结合点

中高层管理者普遍遭遇成长天花板，晋升通道有限，而且这不是他们自己所能决定的。因此，管理者转型成为潜能教练，刻意训练并习得新的技能，可以拓宽职业生涯的专业覆盖范围，实现个人心智的成长。用教练对话激发员工自驱力，赋能员工进行自主创新创造，这不仅让员工的成长与组织的需要相结合，还在管理者个人成长与组织的发展需求之间建立了一个新的结合点。

（二）从他人的需求中照见自己，更利于成长发展

大型企业、事业单位通常会针对关键人群，以项目形式组织内部潜能教练开展跨区域、跨部门、跨专业的教练辅导。这起到的最大作用是：让每一名作为管理者的潜能教练都有机会直接听到非直属员工、非同一部门员工的心声，了解来自他们的经验和突破障碍的策略，并在借鉴后用以自我学习和成长，提升管人理事的能力。

（三）理解组织特有的业务背景，保护商业信息

中高层管理者凭借对战略与业务背景的理解，更能理解教练过程中的业务、技术语境，同时未来的组织越来越需要靠人才制胜。组织作为第三方，为高潜能人才、管理后备队伍等提供教练服务时，会比较在意对内部商业信息、核心人才个人信息的保密，因此一般都会倾向在内部培养潜能教练。组织培养中高层管理者成

为潜能教练，既能发挥教练的专业优势，又便于让管理者与员工建立联系。

（四）有利于组织的制度创新

人有潜能，但创新创造的动机是在人与环境的互动中产生的。想要高效地达成组织目标，组织的制度保障也是非常重要的。此外，对于组织来说，文化是更具有底蕴的内生力量。组织的转型文化只有通过机制创新和持续运营，才能产生根本性变化。中高层管理者担任潜能教练，可以有机会通过与员工的教练对话，探寻制约发展的队伍、信息、能力、制度、流程等重要问题的答案。管理者可通过内部课题研究、决策参考等方式来提供关于制度创新的意见与建议，或者在自己直接负责的领域做出积极探索和尝试，以促进创新。

四、为员工成长营造氛围，为组织凝聚达成目标的共识力量

管理者成为潜能教练后，从传统的以事为主转向以人为主，通过激发员工的潜能达到既定的目标，而其管理风格和团队氛围也会在不知不觉中发生变化。

第一，潜能教练不再是命令型的管理者，而是启发式的管理者。

管理者成为潜能教练后，最大的变化是日常管理过程中少了简单、直接甚至粗暴的命令，多了耐心的聆听与提问，更多的是让

员工表达对问题的看法，并在此基础上提供管理指导。这不仅能让员工感到自己被认可，还能带给员工更多的被信任感，让他们在工作中加深对自己的认识与理解，有更多的掌控感与更强的自主实现能力。

第二，潜能教练与员工的关系是共创目标，将互动对话、授权与辅导相结合。

管理者不是简单地通过设定目标、设计指标来传递责任、压力，而是在工作中让员工持续地感受到对目标达成的使命与责任。如此一来，管理者与员工都拥有实现共同目标的动力。

管理者与员工的关系，不是简单的大脑和手脚的关系，而是互相学习、互相借鉴、完成共同目标的团队伙伴关系。他们从不同的角度提出反馈、思考，进而实现观点碰撞、智慧合成、思维创新。

管理者与员工的关系，不是简单的上下级关系。他们之间增加了为共同目标付诸努力的合作、承诺及归属感。改革压力层层下移，任务层层分解，而责任层层减少，承诺层层式微。管理者要更善于授权，给予员工资源、服务、激励。

第三，管理者成为员工成长的支持者与空间创造者，在组织成长机制中发挥关键作用。

管理者要满足学习型组织对管理者思维、理念的要求，为员工创造干事、成事的积极环境，提供更多的学习共享、互动与反馈的机会。管理者不再跟在员工身后打转、救火或下达指令，而是以高标准引领他们，为他们创造专注工作的空间，让他们能集中精力、全力以赴地完成目标，并在他们需要帮助的时候提供辅导与支持。员工一方面享受创造工作价值的成就感，另一方面因为来自潜能教练的高频提问、聆听和多元反馈，享受更加开放、互动性更强的学习与反馈系统的支持。

管理者的管理风格从指挥型、指导型、命令型逐步转变为启发型、支持型、共创型，而这自然需要管理者时刻保持清醒的意识，警惕不知不觉冒出来"我就是对的"的想法，对整体关系进行系统性思考，有敬畏之心，迎接挑战，转变思维方式，调整行为，促进成果达成。

第二章

五大原则和三大思维是潜能教练的原动力

五大原则是潜能教练必备的内在素养

五大原则（M-cart[1]）是潜能教练必须秉持的内在素养，包括好奇（curious）、欣赏（appreciate）、尊重（respect）、相信（trust）、激发（motivate）。图2-1是潜能教练的五大原则，它们组合在一起，犹如在潜能教练体内安装了一套关于如何理解人、激发人、与人相处的操作系统，影响着潜能教练的工作理念和行为。

---

[1] 教练在英语中是coach一词，原指四轮马车。教练不能告诉马车去哪里，是马车上的"客户"（受教练者）自己决定要去哪里。cart的英文原意也是马车。

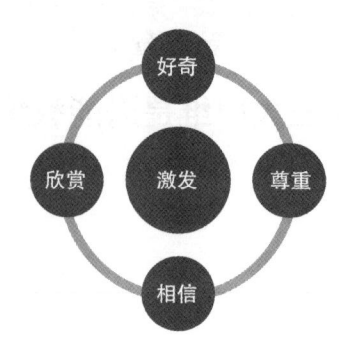

图2-1　潜能教练的五大原则

五大原则的各个要素各有内涵，且相互关联。激发为核心，另外四个要素的焦点为人，彼此呼应统一，共同构成激发内驱力的基础。首先是好奇，好奇人的可能性和发展性，以及人在探索人生目标的路途中正在发生和将要发生的一切；其次是欣赏，欣赏人的多样性、丰富性以及由此带来的整体发展的可能；再次是尊重，尊重人的独特性和自主性，明白每一个独立的个体都要为自己的选择承担责任；最后是相信，相信人的完整性和统一性，人有潜能，人能成长。好奇、欣赏、相信、尊重是成为潜能教练的基础，可以激发人清楚地看到愿景，听到内在真实的声音，明确价值、目标，由此形成清晰的意识，最终形成创造性解决方案，并将其投入知行合一的自我实现过程。

潜能教练带着对人的好奇心，保持着欣赏人的态度，发自内心地尊重人，始终相信每一个人潜在的成长性，并将这样的内在素养投入实践并产生感悟，影响着周围的人。

一、好奇：可能性、发展性及潜在改变

潜能教练好奇人的可能性和发展性。潜能教练对人不做任何事先判断，只是充满好奇地通过教练过程去探索；没有规矩，不要求必须这样或不能那样；没有标准，不规定正确答案，而是以客户[1]探索所得为结果；认为一切的发展都是各种可能性带来的变化。在整个教练对话的过程中，每一个人的内在世界、资源、潜在创造力等，都如同一个个被打开的魔盒，都可能展现出未曾料到的惊喜。

好奇生长在教练的内心，源自支持客户获得内在成长的教练之心。教练把自己视作与客户一起探索的同行者，支持来到教练对话进程中的每一个人，对自己内在的禀赋、资源、能量、智慧开展深度探索。眼前的客户从哪里来，要到哪里去？正在发生着什么？这些问题犹如一个个谜，没有现成的答案，只有教练与客户一起充满好奇地探索，才能支持客户揭开谜底，让他们得以知道自己、理解自己、洞见自己。

教练对客户怀有全方位、进程式、结构性的好奇心。优秀的潜能教练对客户的关注是全方位的，深谙人的成长受一个内外共同作用的系统的影响，所以对支持或阻碍客户前进的各方面都抱有

---

1 在五大原则中，用客户来指代受教练者，主要是考虑到五大原则既是潜能教练的内在素养，也适用于组织外的专业教练。除了员工，组织内潜能教练的受教练者还有管理者，其可与员工一并统称为"客户"，以方便外部教练参考。在特定的组织环境下，受教练者可直接用"员工"表示。

好奇心，且不预判。在教练对话的过程中，教练的好奇心自始至终都不会离去。教练好奇的深度与范围，随着客户探索的程度而改变。潜能教练在每一个对话过程中，都充满好奇地回应客户并提出有力的问题，也不会因为探索有了阶段性的收获而放下好奇心。教练的好奇是结构性的好奇，超越内容本身，因此客户有时会在讲述自己人生故事的过程中洞见自己，但教练不会陷入故事情节，因为他知道客户主导自己的旅程。潜能教练对客户探索的支持，是在帮助他们唤醒内在力量。教练关注客户内在的声音、能量，以及细微而关键的变化，并且知道这些声音、能量、变化都在传达着客户关于自我理解与认知的信息，绝对不八卦客户人生故事中的情节，更不会对客户的故事"是怎么发生的""后来又怎么样了"产生好奇。

潜能教练的好奇心一旦触及客户的内在世界，就会让探索旅程如同清泉在石上流动一样自如。那些缺少好奇心的教练，容易在既定的框架内，照搬一些菜单式、流程化的方案，让客户只是在大脑层面思考和推演，而这不免带上引导、疏导的痕迹。大脑层面的思考和推演尽管也能让客户有所收获，但无法触动内心，也不能让客户内在的禀赋、资源、能量、智慧等参与心脑一致的自我创造。那些深刻而卓有成效的潜能激发成果，都是源于教练的好奇心触及客户的内在世界，并邀请客户一起参与探索旅程。人在心流状态（专注于某项行为时的状态）时，在每一个当下都投入其中，都在与自己的深层次意识、潜在智慧建立联系，让自主的意识主导自己的进程，创造深度的自我觉察，产生洞见。

潜能教练内在秉持的好奇心，让其始终处于向客户学习的空杯状态。教练随着客户自我发现之旅提出来的问题会适时地来到探索空间，而这为教练对话提供了更多的扩展机会。更重要的是，教练的好奇心也激发了客户的自我好奇心，给客户习以为常的思维或行为提供了一个参照物。"咦，这个角度我还真没想到。"他们会不由自主地在心里嘀咕一下。然后，在教练的好奇性发问的鼓励下，他们会尝试换个角度重新思考，在不经意间探寻到深层次的未经开发的理念、从未觉察的盲点等，并瞬间醒悟，产生想要改变的动力，形成创造性的行动方案。

教练展现好奇心的具体表现为：
- 以初学者的心态与客户一起面对新旅程，支持探索的持续深入与扩展。
- 让好奇不局限于客户的外在，更深入客户的内在。
- 提供更多包容性的教练对话以创建教练场域，让一切皆有可能发生。
- 没有预设，对已经发生的、正在发生的、将要发生的都保持着全然的"未知"态度。
- 不编排、推进，不期待结果，而是好奇未来的可能性，鼓励客户把握方向，并经由教练对话来探索目标达成路径。
- 不执着于在教练过程中拿到一个特定的结果，允许自己也允许客户放下对成果的期待，允许任何情况的出现。
- 不会小心翼翼地谨遵既定步骤，敢于尝试用新的方式支持客户，敢于并善于冒险，敢于通过直截了当的沟通去挑战客户。

- 留意到客户自己没有觉察的细微变化,像孩子一样去提问,了解这些变化对客户而言到底意味着什么。
- 大胆使用教练的直觉,让强有力的问题如同气泡一样冒出来,以创造新的探索维度。
- 不把探索获得的成果据为己有,或视作推演、分析的依据。

二、欣赏:多样性带来的整体发展性

潜能教练欣赏人的多样性和丰富性,认为人与人不同,且每个人都有丰富的内涵。他欣赏由个体的独特性所组成的群体的多样性与丰富性。唯有多样性与丰富性,才能产生变化的可能,由此带来人的整体发展性。

潜能教练秉持着对人的欣赏和对人特有的精深理解。潜能教练认为,人的自我实现是人作为一个整体的发展,建立在人的完整性的基础上。人若缺少完整性,就不可能整体发展。人的自我实现并非指某一方面的特点或优势的彰显,而是指人的整体性价值的实现。一个人往往既有促进自我实现的积极因素,也有限制自我实现的消极因素,而恰恰是人的自觉与自决意识主导了自我实现的积极因素,突破限制的卡点或关键盲点,发挥独特禀赋或优势,以此带动人的整体性自我实现。

潜能教练确信人具有整体发展性与更大可能性,相信人作为宇宙中的一个物种,在独特的形成过程中拥有独特的主观能动性和现实改造力。人类社会发展的内在动因是人先天就具有持续追求价值的渴望，而这种渴望让他们不断召唤自己内在的动力。那是一种带有超越性的动力，让人类焕发出更高意识层面的思想，而这种思想的实现过程是人通过内在突破而不断趋于实现自我的过程。这也是一个卓越的潜能教练能通过对客户愿景、使命、价值观的挖掘和探索，激发客户内驱力的底层逻辑所在。

正因如此，潜能教练把人放在特定的社会环境和社会关系中来看待，把人作为独立的、具有完整性的存在来欣赏。这种欣赏不是赏识，而是中立的、客观的观察与理解。它如果是赏识，就会带有教练自身判断或好恶的滤镜。潜能教练秉持的欣赏让他在面对客户时，犹如欣赏一颗天然生成的钻石。钻石有着不一样的立面，有的立面经过加工会发光发亮，有的立面还包裹着些许不清楚是什么的杂质，看上去不那么闪亮，但这都无碍教练对客户建立起整体性的欣赏。因为潜能教练懂得，每个人在不同时段的不同角色中所内含的特质与外显的行为风格等，共同组成了一个独一无二的个体。

潜能教练发自内心的对人的欣赏，决定了他们要用这样的方式去理解一个人的全部：留意眼前的人及其所处的环境，且不以教练自身的价值观、为人处世的立场和观点去判断眼前的客户。这整个过程如同观赏一件艺术品，心怀好奇、喜悦、平和、敬畏，不漏掉关键细节，沉浸在欣赏的场域中，同时独立于该场域。教练有时是近观，有时是远看；不仅欣赏外在，还在得到允许后，连接到客户的内在世界；不仅在当下，还会带着对客户目标的理解，在一个新的高度上统揽全局和整个探索路径。

潜能教练秉持的欣赏，也让教练确信并看到每个人都有的内在局限性，同时这种局限性能在特定条件下，经由人的自我觉察和行动得以转化，而这也是激发内在潜能的关键所在。"人是会变的"，这句话的潜台词是人的丰富性带来发展的可能性，也揭示了人作为一个系统性存在，其发展和成长都是系统性的。不突破局限，就没有系统性的发展。现实中每一个人的变化，会有积极正向的趋势，也有可能朝着不尽如人意的方向发展，就如事物的两面性同时存在一样，但关键在于哪一面在特定时间点占据主导地位。教练欣赏客户，能把局限性放在整体的发展进程中来理解，支持客户克服探索道路上的障碍，朝着积极正向的成果努力。

有一个爷爷与孙子的对话，能更好地理解客户整体发展所需要突破的局限。

> 一位切罗基部落的老爷爷给他的孙子讲了一个故事：所有人的内心都会经历一场战斗。他说："孩子，我们每个人心中都住着两只狼，其中一只是邪恶的，它是愤怒、嫉妒、猜忌、悔恨、贪婪、傲慢、自怜、愧疚、怨恨、自卑、谎言、虚荣、优越感和自负。"
> 孙子紧接着问："那还有一只呢？"
> 爷爷缓缓地说道："还有一只是善良的，它是快乐、和平、爱、希望、宁静、人道、友善、仁慈、同情、慷慨、真实、激情和信仰。"
> 孙子想了想，问他的爷爷："哪只狼打赢了呢？"
> 爷爷回答："你喂养的那只。"

潜能教练欣赏客户的更大可能性。发展意味着变化，而变化是必然的，并且发展的过程呈螺旋状。教练从不认为客户现有的成就已是到顶了，他会陪伴客户，激发客户从内省中学习，从内在资源的挖掘中获取新的洞见，并将探索过程中学到的举一反三，运用到人生的各个方面，持续支持客户创造更大成果。

教练展现欣赏的具体表现有：
- 教练不会对客户的成长设限，不在心里预估客户可以成长到什么程度，对客户是否有变化和发展没有答案。
- 会带着教练自身的洞见与觉察进入教练探索。
- 对客户在自我成长探索中学习到的内在经验与外显成果，不大惊小怪，也不做肯定和鼓励，只是见证这个过程。
- 允许不确定性的增加，允许暂时的低谷与徘徊。
- 教练从整体发展性的角度来理解每一个客户，确信将有更大的进步在接下来的探索旅程中出现。
- 既看到整体又看到局部。就如园丁种花一样，欣赏花朵绽放、凋零、再浇灌、再成长的过程。
- 不会用同一个标准、同一个框架去衡量客户的潜力，对客户的支持因人而异。
- 在过程中自如地与每一个客户匹配。
- 留意客户的局限性，比如认知带来的思维局限、经历带来的偏执等，但这些无碍教练支持客户成长。
- 有经验的教练会把客户的局限性视作一个绝佳的拓展机会。

三、尊重：独特禀赋、独立人格和自主选择

潜能教练尊重人的独特性和自主性，尊重每个人特有的禀赋、价值观、宗教信仰、经历以及经历带来的影响，包括可能存在的偏见。潜能教练理解，人的独特风格是人对精神世界的理解在创造物层面的体现，既是人价值追求的原点，也是归宿，都值得尊重。教练明白每一个独立的个体都有权定义自己的人生，选择自己要过的生活，并为自己的选择承担责任。这让教练把客户成长的责任与权利完整地归于客户自身，绝不会包揽在教练自己身上。

潜能教练认为，人的独特性构成了每个人的成长基础。人之所以成为自己，就是因为每一个人都具有独特的经历、独立的人格、独特的价值主张与行为偏好。潜能教练绝对不会用自身的价值观去嵌套任何一个人的价值观，不用自己的人生经验去判断、评价客户。教练尊重人所拥有的独立人格、潜力与创造力以及特有的表现方式。对客户在自我探索过程中遇到的挫败，潜能教练不做指导、不予指责，却又不是视而不见、知而不为，而是观察与反馈。

潜能教练的尊重，为教练与客户之间的关系提供了一种允许。教练允许客户自主选择探索的方向、目标和路径，允许客户在探索过程中有不同的速度，甚至允许客户偶尔偏离轨道。这种允许，并非强压不满的允许，是因为潜能教练深知，人在成长过程中必然要经历爬坡过坎，有反复起落实属正常。

当然，任何一个人的行为如果超出了组织的制度界限和行为规范

要求，都是不允许的。这个时候，潜能教练需要更多地发挥管理的职能。

优秀的潜能教练都知道，成长是员工自己的事，组织有责任为员工创造成长的机会，提供成长的支持。教练的尊重首先是感知并理解员工的行为与价值追求，建立起与员工之间的深层联系，然后在此基础上激发员工的职业潜力。潜能教练不仅让员工自己的价值观与组织目标对齐，还协调个人与系统的关系，支持员工搞清楚"在组织这个平台上发展，最重要、最想要的是什么"，让每一个员工都是朝向共同目标发力的水手，而不是坐船的乘客，以此实现组织力量的真正集聚。

教练展现尊重的具体表现有：
- 教练有职业操守与专业态度，与客户平等沟通，没有高人一等的优越感。
- 为客户保守秘密，不泄露有关教练过程的任何信息。
- 对客户独有的禀赋、特质、价值观与风格，都有所了解。
- 遵守时间约定。如有临时变化，至少要提前半天告知客户。
- 与每一个客户对话时，保持专注与投入。不出现一边做别的事情（比如看手机），一边与客户说话的情况。即便有急事，也要先做说明再做紧急处理。
- 全面聆听。不做选择性的聆听，至少是结构化聆听，最好是整体聆听。
- 不轻易打断对话。能让任何一个来到自己面前的人，有机会把自己想要表达的内容说完，不随意、频繁地打断对方。

- 听到对客户有价值的信息，及时给予回应。从他人表述的观点与事件中，听到积极正向的内容，听到潜在的挑战与不足，并观察、给予反馈。
- 不认为自己的想法、意见或观点为正确意见或唯一解决方案，能接受不同的意见，并且能在探索过程中支持客户整合意见以形成更好的解决方案。
- 对客户的失误或过错，在未涉及道德底线及法律、法规的情况下，帮他搭建成长型思维框架来应对它们。
- 情绪识别与管理。能在任何情况下都清醒地识别并控制自己的情绪，懂得在特定情景下用妥善的方法解决情绪问题。
- 绝不先入为主。不做主观的臆断或猜测，甚至是先入为主地贴标签，而是整体地看待一个人。
- 不发表任何影响对方宗教信仰、人格特征、价值感、兴趣爱好等的评论或建议。
- 客观表述。不过分表扬甚至是吹捧对方的进步或成绩，不刻意放大或迎合对方的观点。
- 尊重自己内心的声音。

四、相信：人都是完整的统一体

潜能教练相信人的完整性和统一性。来到这个世界上的每个人都是一个完整的生命体，都有潜能，有未曾意识到和觉察到的内在力量，这让人有能力跨越障碍，实现自我设定的人生目标。相信人的完整性，实质上是接纳人的对立统一性，理解每一个人都是由积极面与消极面组合而成的统一体。

潜能教练看人鉴事会带着对立统一的辩证性思维。教练把客户的当下与过去、未来联系在一起并整合起来看待。教练即便是在一个点上做深入探索，也是为了达到整体的平衡，因此既不会把人或事单独拎出来探讨，也不会把一个完整的人分成几个部分去理解，归为好或者不好。潜能教练认为世间万事万物都有中间状态，都是过程中的存在。他相信事物的正反两面都有可能随着时间、条件的变化而变化，并且人在自我发展的每一个阶段都有其成长的特点和规律。

相信是潜能教练非常神奇的一个内在素养。教练拥有对人百分百的信任，才能有力支持客户的潜能激发。教练的眼神、语言、语气、举手投足，都会准确地传递出其是否真的相信员工的讯息。人类是从哺乳类动物进化而来的，天生就有情绪感知的能力。教练真的相信或是将信将疑，抑或嘴上说相信但实际上并不相信，客户都能感受到。

只有教练相信客户，客户才愿意在教练面前展示出真实的自己。优秀的潜能教练是自信而自在的，相信教练的工作原理和流程，面对来到面前的每一个客户，教练都会放下忧虑、担心等情绪，纯粹而全然地相信客户，中立且无条件地把内在的好奇、欣赏、尊重、相信整合并展现出来，把客户自我学习和成长的责任交还给客户，相信对方一定能通过自己的努力找到目标，达成基于当下资源条件的最佳结果。

教练展现相信的具体表现是：

- 把每一个人都看作一个完整的、具有发展性和可能性的人。
- 相信教练进程的力量与价值。
- 是百分之百的相信，不是将信将疑或打折扣的相信。
- 在教练过程中，不把人看扁了，而是相信有新的可能。
- 不把人分为几个部分来理解，不刻意放大某个方面的不足，也不刻意漠视某方面的优势。
- 相信客户有能力自己解决问题，但也要敢于直接挑战客户对障碍的认识和处理能力。
- 相信人生旅程的每一个当下都有礼物。支持客户学会接纳，学会转化，学会在整体的趋向性发展进程中理解每一个当下的一切。
- 全神贯注于当下与客户的共同探索，并能把每一个收获都视作对探索有用的帮助。
- 相信障碍是成功的一部分。在对话的过程中，教练支持客户找到卡点，但又不会让客户在卡点中沉溺或自怜自叹，支持客户掌握新的勇气和智慧去达成目标。
- 相信每一个人都可以从自己的内在中找到丰富的资源。
- 相信成长是一步步积累的，前进是一个向着目标探索的过程。
- 在教练过程中，不给客户提供专家意见，不做有意无意的引导。

五、激发：实现自我价值的内驱力和创造力

潜能教练能够激发人的内驱力和创造力。好奇、欣赏、尊重、相

信,都是激发潜能的基础。

潜能教练秉持的激发,并不是教练直接赋予客户动力,而是通过教练对话支持客户拥有自我激励的内在动力并使该过程持续循环下去。事实上真正能激发客户潜能的是客户自己,客户在教练进程中弄清楚自己是谁、想成为谁、真正想要达成的目标是什么,找到内在的价值追求,从而达到激发内在潜能的效果。也只有当人的意识与自己建立深层次联系的时候,自我激励系统才会开始工作。而所有这些,都是经由教练的聆听、发问、反馈及教练过程所创造的对话场域,让客户得以在内心产生自我对话,从而启动了自我实现、自我激励的内置马达。任何外界的力量都不能持续地激励一个人,最持久的激发来自客户本身具备的足够多的内在力量。

内驱力是创造力得以开启的基础,没有一项真正的创造能离开内心的激情。当内驱力主导人生前进方向的时候,一个人不管遇到什么样的挑战和困难,这股力量都会指引着他突破障碍,做出自己也未曾想过的创举,创造出自己也未曾料到的成果。与内驱力对应的是外在驱动力。很多人一辈子都不知道自己想要的是什么,也有很多人一辈子都活在别人希望或要求的模板中,这时驱动他们前进的也许是外在的肯定,抑或是大众标准上的成功。然而,尽管外在驱动力也能带来创造力,但所有的伟大成就无一不是因为有了内心力量的加入,有了"我想去做""我要成为"的内在声音的召唤。后者产生更为持久的力量,产生不可思议的创造力。

当以激发为内在素养时，教练始终把人和事共同推向积极正向的一面，让人的潜力在其中迸发。与激发对立的是漠视、贬低、否定。鼓励和奖励，属于外在驱动力，都不是内在激发。

教练展现激发的具体表现是：

- 怀揣着肯定与耐心，为客户能取得最大成果提供始终如一的支持。
- 确定探索过程及最终成果是完全属于客户的。不会因为客户取得成绩就沾沾自喜，也不会因为一次对话所取得的成果不够深刻而愧疚。
- 把自我激发、自我承诺、自我突破的责任全交给客户。
- 不仅意识到客户能创造更多、更大成果的可能性，还能更灵活地支持、促进客户在行为、能力、价值观、身份等层面激发出动力。
- 能促成客户清晰地意识到，什么是真正让自己为之心潮澎湃并坚持不懈的高远目标，并为之付出持续的行动和积累，直至实现。
- 能意识到并识别出客户的行为、承诺是否与其目标、愿景保持一致，使客户的行为、承诺与理想结合在一起。
- 支持客户在教练探索过程中唤醒自己，在愿景、使命、身份、价值观等中认识自己。
- 促使客户对想要的结果做出坚定的承诺。
- 有能力识别在教练服务之外客户还需要什么，并提供支持。

三大思维构建员工与组织的潜能激发环

管理者要想成为潜能教练，就需要构建以人为本、成果导向和价值共赢的思维，把人的全面可持续发展与组织目标实现在日常管理情景中有机地结合在一起，从而实现员工与组织共创共赢。

一、以人为本——产生持久动力

潜能教练建立以人为本的思维，这包含三个方面。

第一，在工作中促进人的全面可持续发展。潜能教练把管理视角从单纯关注目标实现转向对人的关注。潜能教练探索人的独特性、禀赋、优势、内在动机、自我认知、思维意识、发展可能性等所有可能在工作中得以转化、发展的内容；在关注积极正向一面的同时，留意可能存在的局限性，并抓住合适的机会提供使其转化的激发手段。以人为本让潜能教练能接受、包容员工在探索过程中的错误、失败，提供基于成长型思维框架的反馈性支持。

第二，基于不同成长阶段的动力特点，来激发员工内驱力。潜能教练不采用单一的外在激励模式，从内在探索人的潜力，找到激发员工内驱力的钥匙。这是因为即便是同一名员工，其内在需求也会在职业发展的不同阶段，因组织环境和价值导向的影响而呈现出不同的特点。

第三，顺应人心激发内驱力，同时不迎合人心。潜能教练顺应每一个人特有的内在条件，但也能清醒地意识到：人是一个特定关系中的存在，每一个人的成长是团队中其他人自由成长的前提和条件。组织中的每一个人都必须意识到，自我成长、团队成长、组织成长是一个有机体，不能在忽略组织和团队需求的同时要求团队与组织满足个人需要。

当然，潜能教练以人为本地激发潜能也并非万能的。正如一句经典的话所说，没有人能唤醒一头装睡的狮子。当员工有意愿或准备好改变的时候，潜能教练才能发挥作用。

与主张"就事论事"相比，潜能教练更主张"先人后事"，最终达成"人与事共振"。通常我们不认为管理者在说到"就事论事"一词时，其所主张的"对事不对人"，能让与此事相关的人在管理者做出对事的评判、分析时置身事外。尤其在事情失败或出现错误的时候，当事人对评判、分析的反应更加强烈。反之，潜能教练针对现在或将要发生的事情安排各项工作时，如果没有从人本角度考虑到工作任务的开展，往往容易让员工感觉"这件事情与本人的关系不大"，更无从谈及内在力量的驱动。

从"就事论事"的角度分析做事的目的、目标、策略、路径、检验标准，简单来说就是：

- 干这件事的目的或目标是什么？
- 如何干这件事？
- 具体做什么？
- 如何知道此事做成功了？

潜能教练还需要激发团队与员工去回答另一个维度的问题，即这件事与"我或我们"的关系：

- 我或我们为什么要做这件事——重要性和价值判断。
- 做这件事对我或我们的价值或意义何在——价值追求。
- 我或我们具备了什么样的能力去做这件事——可能需要新的能力。
- 我或我们需要有什么样的资源支持或什么样的策略能更好地去做这件事——资源与策略。
- 我或我们如何结合实际制订具体的行动计划——具体行动计划。

潜能教练会运用更具创造性的策略，即不仅会自己思考这些问题，还会把这些问题交给员工自己来探索，把员工的理解与意见加入进来，整合成最有集体智慧的答案。这比单纯地布置工作任务，更能赢得员工的信任，激发出员工的持续动力。

二、成果导向——专注目标，创造更多可能性

成果导向的思维贯穿激发潜能的整个过程，促成潜能教练激发员工在目标的指引下，持续专注于成果达成，并确保成果与目标的一致性。

成果导向让潜能激发以员工需求为起点，激发员工自主设定目标和检验标准。

员工的需求来自他们对工作、生活的渴望，是深层次的需求，隐含着自我实现这一更高层级的需求。

潜能教练激发员工把理想化的需求转化为可以实现的目标。不管是面对那些"知道自己不想要什么，却不知道自己想要什么"的员工，还是面对那些"想要的很多，但却陷在不知该如何选择的局面中"的员工，成果导向型的潜能教练都会从员工主动表述的内容中，帮助他们找到自己真正想要的东西，明确在自主可控的范围内，能做出主动改变从而达成的第一个目标是什么。

更关键的是潜能教练的整个过程，激发员工把专注度集聚在目标指引和成果达成上，让成长在工作中持续发生。

潜能教练的过程是目标指引成果的过程。始终确信探索的进程与教练的成果支持着目标的实现。潜能教练支持员工不因过去而搁浅，也不止步于现在，注意力聚焦于自主设定的目标，分解设定阶段性目标。目标越清晰，达成目标的意愿就越坚定。

潜能教练主张实现目标导向、成果导向与问题导向的有机统一。成果导向是聚焦目标实现的结果。成果导向与问题导向最大的区别是：成果导向指向未来，激发人的注意力、热情和能量专注于目标，使其参与目标的设定和解决方案的设计。在这种状态下，人想要实现目标的深层次动机超越了问题本身。教练提供给员工一个能站在更高维度的云梯，一个更系统化、有更高清晰度的望远镜，而这为解决方案提供更多的选择性、可能性与想象力。由于问题本身并不是需求，解决问题才是需求，所以单一的问题导向会让方案局限于过去，或者让员工不清楚解决问题究竟是为了什么。单一问题导向的思维与探索视角，犹如用一个显微镜成倍地放大问题，而这可能让人卡在问题中，缺少自信与创造力，并且由此得出的解决方案可能会停留在解决问题层面，缺少系统性思考，也阻碍了以点带面的突破性可能。

要说明的是，成果导向并不意味着向员工要结果，而是将过程激发与目标达成结合起来，并让成果导向贯穿潜能激发的全过程。成果导向不仅出现在一次教练对话中，还出现在持续的管人理事场景中。潜能教练明白，人和组织的成长都是朝着目标持续前进的过程，是一个个阶段性目标成功的积累，但教练的激发陪伴着员工成长的全过程。

成果导向也激发出了员工的行动计划与自我承诺。潜能教练激发员工设计与目标一致的可落地的行动计划，支持员工投入行动并主动负责。行动计划越充满挑战、可控并能付诸实践，员工越能具备行动的承诺与责任。

以成果导向激发潜能，同时整合了以人为本的理念，能帮助员工在一个更高的意识、能量层面，在更为宽广的系统中，找到激励自己的愿景、目标与价值观，统揽、俯视可能存在的问题、局限、差距、盲点，富有创意地制定目标和明确阶段性成果，设计出更有内在智慧与创造力的解决方案，并确保前进的每一步都与目标有着牢固的联系。

三、价值共赢——员工和组织进行价值共创

人和组织是一体的。人作为特定组织关系中的存在，与他人、与组织都具有彼此协调的合作关系。处理人与人、人与组织之间的关系靠的是统一目标指引，从而实现价值共创共赢。

而统一目标又离不开构建良性的互利合作的关系。员工的潜能激发和组织的持续成长之间，存在着互相影响的动态发展关系。图2-2展示了四种关系：一是组织和员工共同成长；二是组织有成长，但员工没有得到成长，这样的情况是个例；三是个人有成长，但组织没有成长，在这种情况下，个人除非有强烈的信念或归属感，否则离开组织是迟早的事；四是个人和组织都没有成长，如果是这样，那么组织离出局的日子也就不远了。

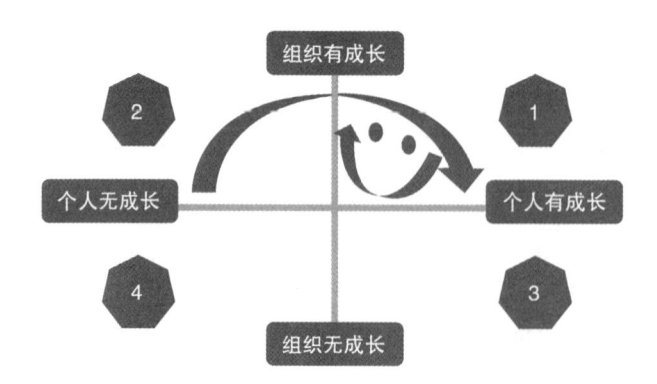

图2-2 个人与组织的四种成长关系

潜能教练针对上述四种关系开展工作，构建从个体到组织的潜能

激发环，让个人成长服务并支持组织成长。

管理者是潜能激发环中影响个人与组织关系的枢纽。管理者通过自我赋能成为潜能教练，实现心智跃迁，激发员工内驱力，促成个人成长与组织发展保持一致，实现个人和组织共成长。

潜能教练运用潜能激发环，以实现以下四个目的：
- 了解组织需求：明确团队和组织的需求、发展方向、发展目标和阶段性成果要求。
- 激发员工内驱力：激发员工和团队探索深层次需求、愿景、使命、价值观、成长目标和阶段性成果要求。
- 校准并明确定位：激发员工自主明确使个人成长与组织发展保持一致的工作定位、价值追求。
- 实现共创共赢：帮助员工立足岗位、提升能力，和组织共赢。

潜能教练驱动组织的潜能激发环，关键在于其带着对组织整体战略与目标的理解，把激发组织潜能这项长期的任务，关联并落实到人的潜能激发中。潜能教练要激发员工的内驱力，支持他们找到真正的自己，在组织的平台上自主找到定位。组织中那些清楚自己目标、价值追求的员工，往往比在这些方面认知相对模糊的员工，有更强的稳定感和自主性。前者更善于自动地建立起个人与组织共成长的关系，更容易在组织的平台上锚定自己，获取有利于自身成长的资源支持。同时，这样的员工善于把自己的优势和禀赋贡献给所在的组织。这也从侧面反映出，员工若有相对清晰的自我认知，就更善于且更便于在组织中发挥独特价值，自我创造归属感。

人与组织价值共创共赢还意味着，不存在有任何一方单方面的索取或付出。彼得·德鲁克（Peter Drucker）曾说："管理是激发善意。"潜能教练升华人的善良，探寻员工超越自身的内在动机，但这并不意味着组织可以只是单向地要求员工以更高的情怀和使命投入工作，而在利益分配等物质激励、荣誉表彰等精神激励方面不与员工共享发展成果，尤其不能忽略对特别贡献者的激励。组织更不能要求员工持续加班，打破工作与生活的平衡，乃至影响身心的健康。同理，组织也不接受员工的能力发展不符合组织的发展需求，或自满于已有的能力，拒绝迈出舒适区去学习和掌握新的能力。

组织如人。进入数字时代，如何运用新技术获取数据、分析数据，从而创造企业与员工共赢的价值，成为组织发展的关键。

潜能教练的三大思维的核心在于明确和构建：
- 谁需要掌握并运用新技术——明确人。
- 什么样的人组合在一起才有可能达成新目标——明确团队。
- 谁愿意跨出舒适区去学习并掌握一项新技术——在人的动机、目标与组织发展之间建立联系。
- 真正需要学习的是什么——在人的能力成长与组织需要之间建立联系。
- 如何持续实践，才能理解、掌握、应用学到的内容，以解决实际问题,并达成组织目标——在人的行动与组织需要之间建立联系。

员工经由潜能激发,迸发主动性和创造力,达成新绩效,助力组织发展。管理者在长期的工作安排和挑战目标设定中,可根据员工的内在价值追求,衡量其意愿、能力与目标的匹配度,有目的地安排任务,设定清晰的工作标准,从而形成最合适的团队组合,以支持价值共创共赢。

第三章
七项关键能力让潜能教练游刃有余

潜能教练的七项关键能力如图3-1所示。

图3-1 潜能教练的七项关键能力

给予信任：创建轻松的、有安全感的氛围

潜能教练给予信任的能力是指，教练从见到员工的那一刻开始，就需要让员工感受到安全感和信任，并使其贯穿教练对话的全过程。给予信任的能力是教练对话的基础，也是潜能教练秉持的尊重原则的核心。

一、被感知的信任

对教练来说，开口的第一句话，哪怕是打招呼，都需要让员工能感受到教练发自内心的信任。信任关系在彼此间的交互中发展，教练唯有信任自己也信任对方，才值得并赢得对方的信任。员工感受到教练值得信任，也是因为教练有能力让他们感受到可以放心地表达真实想法，并且不会受到任何干扰、质疑、嘲笑等。

每一个人在感受到信任和安全的状态下，潜意识的通道才有可能被打开，从而突破惯常的思维框架，引导出新的觉知和制订出有创造力的行动方案。教练展现信任的能力，为探索提供了轻松的氛围，让员工的身、心、脑都处于放松状态，去掉戒备，创造更多可能性。潜能教练相信员工有独特的禀赋、资源与创造力，可以用自己的智慧制订解决方案以达成目标，用自己的能力服务所属的团队和组织；相信员工在起步时的不那么完美，在过程中的磕磕绊绊，都是必然的；尤其确信的是，真正的学习都是来自经历失败、摔跟头、掉坑后的反思。

潜能教练一旦掌握这种信任能力，自己也会不那么紧张，且有了更多的自我允许：允许自己是不完美的，会犯错误；允许教练过程顺势开展，而不是什么都要干预、指点、指导；会从一个抽离的角度，统揽过程。

这种感觉是：尽管有时候，潜能教练是以一个投入者的状态，与员工、团队在一起，但更多时候，潜能教练处于一个旁观者的位置，在一定高度上整体地统揽团队。这样的定位让潜能教练既能为员工、团队创造空间，又能敏感地觉察到，什么时候要躬身入局，及时辅导并帮助员工与团队，一起去面对困难，克服挑战；什么时候需要悄然而退，留出必要的空间，让员工和团队自己去搏击。

这种信任同时包含让员工感受到安全感。教练提供安全的对话环境，并对教练进程中的信息保密负有责任。见面伊始，教练需要先了解员工对教练的态度，并根据他们的反应，对教练与辅导、培训、顾问、咨询、心理治疗等的区别做必要的说明，对教练过程必须遵循的保密原则做出具体的承诺，让员工感觉自己可以在教练对话中真实地表达和抒发，不用担心说错话。他们能确信，教练对话涉及的事，以及过程的具体信息都得到保密。潜能教练未经员工的允许，没有权利和任何人分享有关教练过程的信息，在组织内尤其需要注意这一点。如果教练做了记录，也只是供评估或教学研究等专业场合使用。有特殊的使用需要，教练须先征得对方同意，并省略任何可能让其他人知道受教练者情况的信息。

关于分享受教练者的信息，只有两种例外情况：一是受教练者自己主动分享；二是教练服务由组织方发起，组织方需要教练反馈结果。在第二种情况下，这原则上需要事先召集组织方、受教练者、教练三方一起参加会议，对于什么可以反馈、什么不可以反馈以及如何反馈做明确的约定，如有相关的合同条款须严格遵守。如果没有事先约定，教练不能且不需要反馈结果。

优秀的教练能在见到客户的第一眼，就快速与其建立起信任与安全的联系。而很多管理者缺少真正信任他人的能力，事实上是因为存有对失败的恐惧，缺少安全感。他们在学习成为潜能教练的过程中猛然发现：身边居然没有一名员工是自己能百分之百地信任的；从未真正相信自己的队伍具备达成高绩效的能力；甚至认为缺少了自己，队伍就达不成目标。这让管理者对自己的人际关系有了新的觉察。潜能教练给予员工信任，事实上发展的是对自我的信任；提供安全的氛围，事实上是内在安全感的建立。这些转变都会发生在教练的成长道路上，成为潜能教练为人处世智慧的一部分。

二、练习的小技巧

有一些小技巧能帮助潜能教练快速构建信任感与安全感。

（一）友好的开始

从直接布置工作、安排任务的管理者，转变成一名潜能教练，一

个温柔而友好的开始是必须的。专业教练会习惯使用"柔顺剂",比如:

- 你今天好吗?
- 我感觉你今天的状态很好,欢迎你的到来!
- 特别感谢你的信任,我们即将开始一场教练对话,这与我们平时的谈话完全不一样,你准备好了吗?
- 非常感谢你抽出时间,让我与你开展一对一的教练对话,陪你走一趟探索旅程。
- 你需要稍微休息一下吗?
- 你对这个谈话的地方满意吗?
- 在我们探索开始前,你需要做点什么样的调整,让自己能更加舒服、更自在些呢?
- 你今天看起来很忙,在开始对话前,你需要做些调整吗?
- 我们早就约好了今天的教练对话,你看有哪些是需要先放下的,让自己能更好地投入教练探索?等你准备好了,就告诉我。

(二)回应

人都喜欢与亲近自己的人在一起,这会让他们感到放松、有亲近感,更容易打开窗户说亮话。教练及时回应对方给出的每一个关键的信息,有助于构建信任关系。

选择回应的方式有很多种,可以通过语言、语气,也可以通过肢体动作,比如坐姿、手势等。回应不是让对方感觉到教练在模仿他，而是让对方感觉到，教练在真实而充满信任地关注着对话过程中发生的一切。教练保持视线交流与聆听的专注，始终聚焦于当下。

潜能教练在语言上回应对方，要使用对方的语言，而不是教练自己的语言。这是因为每一个人给每一个概念性词语赋予的意思是不同的。比如员工在对话中提到，一个项目的价值是通过"创造"产生的时，不断地挥舞着双手。教练需要回应的是：

- 刚才提到"创造"时，我注意到你的手在空中挥舞着。

同时，教练也配合着对方挥舞一下自己的手，但千万不要把"创造"说成"创建"或别的词。

潜能教练对员工的回应，都是对那些对员工来说重要的信息做回应，比如对员工而言特别重要的信念与原则、员工对获得的探索成果所打的一个比方等：

- 现在有了目标，我就像有了一个"风向标"。
- 我觉得这个项目对我来说，就如同我在游戏中要完成的"打怪升级"。
- 我相信付出总有收获，只是我不能总是着急地盼望着收获在什么时候到来。
- 对我来说，没有什么比坚持更重要的了。

教练在听到那些让员工更加富有能量和创意的词语、短句时，要注意到他们的表情和声调都有了变化，并及时做出回应，这能让员工感觉教练是懂他们的。

（三）匹配

匹配是指教练的风格需要与受教练者的风格合拍。潜能教练敏锐地识别出员工当下的状态，当感觉到对方情绪饱满的时候，随即配合着提高音量和情绪的饱满程度；对方情绪低落的时候，教练自然也要让情绪低沉些，展现出真诚的理解与关心。

每一名管理者，都会出于好意并自认为是积极正向地做出"加油"行为，然而可能会适得其反。试想，团队正在因为一件事情而苦恼，教练却只是一个劲地鼓励说"这不难，没关系，从头再来"，这对缓解紧张、苦恼、沮丧的情绪未必有效，甚至还会让员工感觉纯属"站着讲话不腰疼"，并让他们怀疑：教练真的了解实际情况吗？活在自以为是的理想世界中？怎么连一点感同身受的基本能力都没有呢？他们会降低对教练的信任度，也会降低自我信任。更让人意想不到的是，他们还会认为，自己可能做不到像教练说的那样。

正确的做法就是让自己"穿上对方的鞋子"去体会他们的感受，并及时恰当地传达自己的理解。教练需要使用"看来这确实很难""听起来你为此苦恼很久了"等柔和的话语，以此建立基于理解的信任关系。然后，教练再提供教练、辅导或鼓励等赋能支持，笔者认为这样更好。

(四) 先跟后带

用"先跟后带"支持受教练者,意味着教练先需要适应受教练者的节奏、状态、语气、语调,然后再慢慢地把对方带入一个理想的状态。

需要提醒的是,"带"并不是让教练来引导、指导员工接下来的路该怎么走,目标该怎么达成,而是需要通过强有力的发问、深层聆听、中立的教练状态等一系列手段的综合运用,赋予员工新的视角、深度、高度,来产生新的洞见以支持目标达成。

"跟"能传递亲和力,让员工经由教练的配合,真实地看到自己,感受到来自教练的理解与重视。"带"能支持员工跳出固有框架,摆脱习惯或偏见,支持自己看向未来。

三、小作业

回想一个你与一个你在工作或生活中不怎么能接受的人,进入谈话的场景。留意自己刚开始时对对方的信任度,如果用1~10分来打分的话,会打几分。

初见面时的分值:你在这种信任状态下,对你自己、对方、彼此关系的观察和感受。

试着让自己前进一步,把分值提高2~3分:你在提高分值后的信任状态下,对你、对方、彼此关系的观察和感受。

试着让自己再前进几步,甚至把分值提高到10分:你在百分之百信任的状态下，对你、对方、彼此关系的观察和感受。

体验并整体回顾这个练习带给自己的觉察，你从这个觉察中收获到什么？

合作共创：设定方向，明确共同目标

合作共创是指教练支持受教练者清楚自己探索的方向，明确探索的目标，确定目标达成的标准、标志等。教练和受教练者都清楚共同探索的方向、目标、成果是什么。

在日常管理场景中，如果受教练者是直接下属，那么教练过程分为教练对话和工作指导两个阶段。潜能教练先邀请团队或员工明确共创目标，然后在教练过程结束后，加入作为直线经理所理解和设定的目标，最后一起探讨以形成统一目标。

一、合作锚定前进方向

如果说信任是构建关系、支持教练对话开展的基础，那么潜能教练的合作能力则贯穿全过程。

教练好奇面前的员工想要探索的是什么，这就如同两人开启一场旅行，好奇结伴去哪里。方向是由员工提出并明确的。现实是，有的员工刚开始并不清楚"旅程"的目的地是哪里，因为各种选择方案、信息、要规避的风险让他们思绪繁杂，无法确定要去哪里。教练通过合作充满好奇地提问，启发员工明确探索的方向，明确最想要教练支持他们在哪些方面做探索，不断地清晰化方向。

- 你想要探索的话题是什么？
- 今天我们的讨论设定在什么方向上？
- 在一个较长周期的教练过程中，你探索的方向有哪些？

第一次开展教练对话时，10~15分钟会用于双方探讨，明确教练对话聚焦的方向。比如：有的员工想要对话专注在团队管理能力、沟通能力、客户关系构建能力、战略思维、系统思维等职业发展方面；有的员工想要探索自我情绪管理、家庭与事业的平衡、时间与精力的分配、身心调节等自我管理类；还有的员工想要探索目标、职责、制度、流程设计、商业画布设计等企业管理类。总之，这需要设定对话方向，确保每一次教练都聚焦于员工的目标。

如果是由组织发起潜能激发项目，那么潜能教练还需要与组织方事先沟通，通过三方会议或协议等，明确教练方向。长周期的教练过程需要设定方向，每一次教练对话也都要设定教练方向。

有些员工不知道自己想要什么，但知道自己不想要什么，这是因为他们有一种避开型思维模式。对此，教练需要做转向提问：

- 你不想要杂乱无章的生活，那你真正想要的是什么？
- 假如你可以设定一个方向，那么这个方向通往哪里？

还有的员工刚开始时想要很多，选不出重点，教练会支持他们理清各个方向之间的关系，并找到最想要的那个：

- 刚才说到职业发展、孩子教育，还有时间管理，你觉得它们之间有什么关系？
- 在说到这些的时候，你觉得对你而言最重要的是什么？

有些员工刚开始时不知道教练话题和目标应该是什么，那么潜能教练可以简单地打个比方，启发他们思考如何自主设定主题和教练目标，可以这么说：

- 教练对话不是一般的闲聊，需要有个聚焦的话题。你今天想探索的主题是什么呢？
- 假如你想去旅行，但是不知道目的地在哪里，那么你需要事先确定一个目的地。这个目的地就是教练目标。对于今天的教练，你想得到的结果是什么呢？

潜能教练也可以菜单化列举与工作无关的示例，以帮助员工直观理解，可以这么说：

- 有的人想要提升项目管理能力，有的人想探索自己的愿景、目标，还有的人想规划下后续工作的重点，你想要从今天的教练对话中获得什么呢？

当管理者习惯于合作，能感受到合作带来的惊喜与价值时，暂且不说其教练技能已达到一定的水平，最值得庆贺的是他具备了心智成长的基础。

潜能教练与员工的合作关系，不仅是达成教练对话设定的共同目标的合作关系，还是在日常管理中支持员工与组织持续实现共同成长的合作关系。潜能教练的能力训练，让管理者更加能理解和处理这种合作关系，并将其视作自身学习、成长的必然过程。

二、共创目标的类型

潜能教练与员工合作设定的目标不外乎以下四类：

一是愿景目标。愿景是画面，不是描述"是什么"，而是关于未来的一种理想的状态或存在。

二是终极目标。终极目标包含清晰的价值观、身份、使命等。

三是阶段性目标。阶段性（中长期、年度或季度或月度）要达成的目标符合SMART（具体、可衡量、可达到、与整体目标有相关性、有具体时间要求）原则。

四是具体的挑战性目标或绩效性（比如项目、任务或事件）的目标。比较多的是工作任务、活动目标，同样需要符合SMART原则。

有了共同目标后，教练的后续工作就是在教练过程中支持员工去达成目标。如果过程中员工最初设定的目标发生变化，教练需要随即跟着调整方向，然后再与员工一起朝着新的目标前进。每次教练对话的检验标准是，在多大程度上支持了受教练者达成想要的目标。

对于组织中的各级管理者来说，如果下属都习惯于自主设定目标，那是他们的幸运。这意味着员工能自主确定有关个人成长和贡献的价值标准，也能在工作中激发出更强烈的归属感。潜能教练提供教练支持的对象如果是其直接管理的团队的成员，就要清楚了解他们的目标，在工作中多留意机会、创造条件，提供信息、数据、工具等支持，助力他们达成目标。

> 团队中有一名队员，在一次教练对话中明确地说，自己的目标是成为移动互联网领域的学习发展型专家，希望有一天能看到自己站在一个很大的发布会现场，发表关于人才培养与发展的观点。这几年，我看着他在大大小小的课堂、会场上发表专业意见，能看出来他很享受用自己的专业知识影响他人，并给组织带来价值与成果。看着他一路成长，作为管理者也更加清楚地意识到，这个目标事实上是他和企业的共同目标。

任何一个组织的成长背后都有一个高大目标在引领。在大目标的达成过程中，管理者需要看到并珍视每一名员工的目标。把众多员工的小目标汇聚、引导进入大目标的达成过程，从而产生共同的目标，就如同把千万条溪流引入奔腾向前的大海一样，此后组织也就有了一个持续充满动力的引领法则。

> 一天，一位好久没有露面的管理者找到潜能教练，痛苦地揪着自己的头发，把头深深地埋在胸前，半天后才长长地叹了一口气，说出自己的苦恼。

他现在带着一支近百人的团队,每天都能清楚地看到自己的愿景,而这幅画面一直引领着他,使他在各种挑战与困难面前保持着韧性与灵活性,在理想与现实之间无数次做出艰难的选择。

可是,随着业务发展进程的加快及成效突出,他的团队越来越受到重视,得到更多的关注,也收到了许多来自更高层的管理者对团队定位、发展方向的要求。慢慢地他发现自己心累,累的原因是自己要忙于回应这些新的目标和要求,而这些在原来的团队愿景图中是没有的。

他苦笑着说:"我的小愿景似乎撑不起这些大目标。"潜能教练问道:"如果这些话被你的领导们听到了,他们会说什么呢?"他停顿了下,说:"我需要找时间把我的感受和担心跟他们说说。"

每个人都是自己愿景画面中的主人公。潜能教练不会直接修改或删掉员工为自己和团队设定的愿景目标,而是通过教练对话的方式,深入而完整地理解他们设定的愿景目标所具有的价值与意义,判断其是否与组织目标在同一个方向上,并在后续更大的组织目标的设计中,更多地考虑员工、团队的愿景目标,并创造机会,使其与组织愿景目标相结合。

三、邀请合作的小技巧

潜能教练邀请员工参与合作有很多途径。在开始邀约前,有以下问题可以选择:

- 我刚学了教练课程，你愿意支持我一起通过教练对话的方式来聊聊工作吗？
- 这个项目进展到这里，你看我们选个时间用教练对话的方式来谈谈，怎么样？
- 过几天就是你加入单位一周年了，我们找个时间聊聊，你觉得怎么样？

也有一些主题式问题：
- 今天你想探索一个什么主题？
- 你今天找我做教练对话是想要达到一个什么目的？
- 在谈话结束的时候，你怎么知道从今天的谈话中得到了你想要的结果？
- 你的愿景画面是什么？能描述并分享吗？

过程中，教练如果感觉到员工的目标有变化，需要展开合作式问询，以确保是在朝着员工想要的目标做探索：
- 到目前为止，我们的聊天还保持在正轨上吗？
- 接下来我们的探索如何能更好地帮助到你？

在结束对话之前，教练也要与员工确认谈话的成果。
- 这里是我们可以暂时结束今天对话的地方吗？
- 你找到目标了吗？
- 你今天的最大收获是什么？

在管理场景中，邀请员工参与共创更大的愿景画面有很多方式，而最能共创愿景画面，产生能量的是在员工的小愿景与组织的大愿景之间建立起牢不可破的联系，并把员工个人目标与组织目标有机地结合在一起，共创出生生不息的合作力量。这是一个持续的过程，并非一蹴而就。教练可以在员工设定好个人目标后，对组织目标进行描述，并询问：

- 组织目标实现时你脑海中的画面是什么样的？
- 在组织目标实现的画面中，你在哪里？你是一种什么样的状态？
- 从组织目标的角度看个人目标，你留意到什么？
- 你觉得个人目标与组织目标之间可能存在着什么关系？
- 你认为可能需要做哪些调整，以完善自己的目标？
- 你觉得需要增加些什么，让个人目标更加接近组织目标？

四、小作业

在一个布置工作任务的真实场景，通过教练对话与员工共创目标。
1. 创建一个安全和信任的环境，确保谈话不受干扰。
2. 征得同意：一起设定一个工作目标。
3. 提出三个关键问题并倾听：你设想的目标是什么？为什么这些目标的达成对你这么重要？你怎么知道目标达成了？把这三个问题的答案中的关键词记下来。
4. 管理者在此基础上，将自己对这三个问题的理解，讲述给员工听。

5. 一起讨论，达成共识。

6. 2~3个月后，观察员工以及自己推进工作的方式有什么样的变化，措施的推进效果怎么样。

有力发问：启发深思，开启潜能探索

潜能教练的有力发问，如同一把激发潜能的钥匙，开启大脑对未知的探索。教练恰如其分地通过一个个有价值的问题来回应他们，启发深思，开启潜意识的深度探索，让员工突破常规性思维角度与边界，获得新的认知、体验，变得更富有创造力。"发问"要"有力"，并非语气加重，而是强调问题本身，只有这样才能促进深度思考。

一、问对问题

潜能教练要学会问开放式问题而不是封闭式问题。开放式问题与封闭式问题的区别见表3-1。开放式问题能真正地打开人的思路，而不是让人局限在一个固有框架内。开放式问题指向目标、成果，而不是追究原因、错误与过去。如果用一个箭头表示的话，开放式问题指向未来，而不是过去。每一个开放式问题一定有三个以上的答案。如果面对的是"非此即彼"的问题，只能回答"对"或"错"，"行"或"不行"，那就意味着这个问题是封闭式问题。封闭式问题的答案只有一个，让人在既定的框架或已知的范围内做选择。

表3-1 开放式问题与封闭式问题的对比

开放式问题	封闭式问题
你的目标是什么?	你有没有目标?
你可以从这个问题中学到什么?	你认识到自己对此问题负有责任吗?
你还能做些什么?	你是不是可以尝试这么做?
你觉得最好的办法是什么?	你不觉得这个就是最好的办法吗?

潜能教练想要学会使用开放式问题，就要刻意训练。提问刚开始时免不了有引导的意图，尤其是在某方面有经验的专业管理者，很容易出现"为问而问"的情况，明明是给答案，却变成提出疑问句。比如：

- 你有没有试着跟这个人再联系下，问问具体的情况?

员工就只能回答：

- "有"或者"没有"。

教练的言下之意就是让员工跟这个人再联系下，了解清楚具体情况。但他对提问做下调整会更好，比如：

- 你觉得后续还需要做些什么，才能更多地了解情况?

关于"要做些什么"，员工其实更有想法与实招。提问要能促进思考，如同轻轻拧一下水龙头，水就冒了出来。

"还有什么"这个提问如同一把万能钥匙，可以经常用。越是简单的问题,越有神奇的力量。人类大脑的灵活性超乎想象,所以当被问到"还有什么"时,大脑会收到一个确切的信息"应该还有什么",然后大脑就再次运转起来。一个停顿后,马上就会有新的答案冒出来,这促成了新的自我学习。

最有力的开放式问题不仅指向目标,还指向一个人真正追求的价值,以及想要成为的样子与状态。受教练者在听到这类问题后,生出超越现状的洞见,找到突破自我的内在力量,激发出行动的承诺与动力。通常来说,逻辑层次(见图3-2)中上三层的提问涉及愿景、使命、身份、价值观,与人的内在资源相连,能激发人实现自我超越。

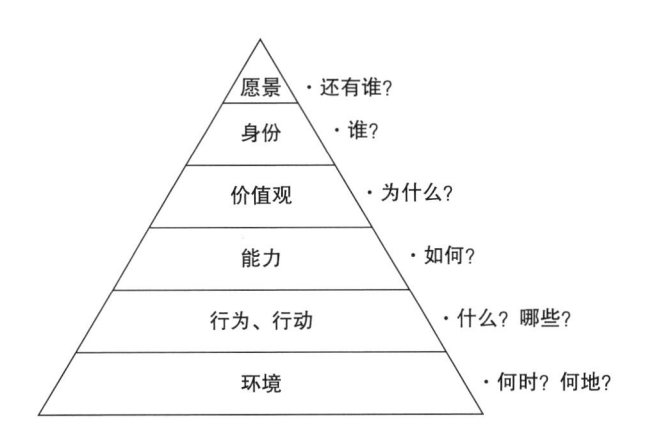

```
        愿景      · 还有谁?
        身份      · 谁?
       价值观     · 为什么?
        能力      · 如何?
      行为、行动   · 什么?哪些?
        环境      · 何时?何地?
```

图3-2 逻辑层次及各层面的提问

二、有结构地发问

（一）思维的逻辑层次

逻辑层次以伯特兰·罗素（Bertrand Russell）的逻辑和数学理论为基础，是由人类学家格雷戈里·贝特森（Gregory Bateson）为行为科学的心理机制提出的关于学习和改变的基本层次。

逻辑层次是一个非常有力量的对话思维模式。它分为上三层和下三层。上三层有关人的愿景、身份与价值观，下三层涉及人的能力（资源）、行为与所处环境。上三层的改变会指导并深刻影响下三层，同时下三层的落地才能助力上三层的达成。当一个人的上三层与下三层保持在同一条水平线上时，他想的、说的、做的、拥有的、成为的都是一致的。

潜能教练掌握了逻辑层次后，可以基于受教练者当下的需求，在逻辑层次的各层面逐层展开结构化提问。优秀的潜能教练在逻辑层次的各个层面都能灵活提问。

逻辑层次的应用范围非常广泛。在项目策划、目标实现、自我觉察与反思、员工成长与发展、团队集体智慧与价值共创、组织未来发展与应对挑战时，它都能起到支持性作用。

（二）在项目或任务完成时的场景中提问

员工在承担项目和任务时，在目标、价值、意义、资源、能力、举措、风险防范等方面需要得到潜能教练的支持。常见的是支持员工构思项目（任务）创意、明确项目目标、制订项目任务书、策划解决方案等。在项目（任务）完成场景中运用逻辑层次展开提问的清单如表3-2所示，可供潜能教练参考。

表3-2 在项目（任务）完成场景中运用逻辑层次展开提问的清单

愿景	当项目成功时，你的眼前会出现什么画面？ 当项目目标达成时，有哪些人会从中受益？ 当你成为领导者的时候，给周围的人带来什么样的影响？ 到那个时候，你生命的状态会是什么样？
身份	当你做到了所有的一切时，你会成为谁？ 想象着项目成功的那一天，你将听到什么？看到什么？感受到什么？ 在你达成项目目标的时候，你觉得你会有怎样的变化？
价值观	你为什么要做这个项目？ 为什么这个项目重要？有什么意义？ 选择做这个项目能带给你最大的改变是什么？ 这个项目有什么价值？ 你在项目执行中最在意的是什么？为什么？
能力	要获得你想要的结果，你需要做哪些能力方面的准备？ 你具备了哪些能力，让你能顺利地完成项目？ 你觉得哪些能力的提升会有助于项目目标的实现？ 你如何达成你的目标？ 你觉得哪些资源和策略能发挥作用？ 你还需要整合哪些资源？

续表

行为	你具体打算如何推进？ 从哪里开始？
环境	你计划在什么时候开始？ 你打算在什么地方开始你的行动？ 在哪里找到可用的资源？ 什么限制了你的想法？ 你的行动方案在执行中会受到哪些客观条件的限制？

（三）在自我探索的场景中提问

知识型员工非常在意工作的价值感、自我的认同感，同时容易把单一的外在标准作为自我评判的标准，容易在对比中陷入纠结，也容易只看到局部、忽视整体而局限在自我困惑中。他们需要潜能教练结合工作任务，支持他们清晰化价值观，拓宽思考维度。在自我探索中运用逻辑层次展开提问的清单（见表3-3），供潜能教练参考。

表3-3　在自我探索中运用逻辑层次展开提问的清单

愿景	你愿意花毕生时间追求什么？ 你生命的意义是什么？ 假如奇迹发生，你真的得到了想要的，你生命的状态会发生什么变化？ 愿景实现给你的员工带来什么？给家人呢？还有哪些人会因你而产生变化？ 你希望自己活在什么样的状态里？ 在成长路上最终会有什么出现？

续表

身份	你希望当你80岁的时候,你的亲朋好友和领导、同事会怎么评价你? 你对自己的评价是什么? 当你完全拥有了这个项目成果,你会成为什么样的人? 你希望你的孩子怎么看你? 你希望如何充实自己的生活?
价值观	什么东西是他人无法从你身边夺走的? 这一生,什么是你认为最重要的? 你最珍视别人对你的什么评价? 你选择做这个项目的原因是什么? 你做到了所有的一切,其中最重要的是什么?
能力	要拥有什么样的能力才能让你成为那样的人? 选择这样一份工作,你觉得可以尽情展示或发挥你哪些方面的能力? 你目前所拥有的是什么?还缺少什么? 你特有的潜能和天赋是什么? 假如5年后你成功了,请你回想一下,是哪些能力支持了你的成功?
行为	假如你知道自己不会失败,你现在会尝试做什么? 你打算如何为自己的未来做准备? 实现人生目标需要分成几个阶段? 假如要提高某项能力,你要迈出的第一步是什么? 此时此刻,你最想做什么?
环境	你计划在什么时候开始? 你打算在什么地方开始你的行动? 周边还有哪些资源可以利用? 什么限制了你的想法?

三、带状态地发问

潜能教练提出一个有力量的问题,不仅要考虑问题本身,还需要考虑以什么样的方式或状态来发问。问题是箭，但拉弓人的状态会决定这支箭有多强的穿透力。对于同样一个问题，提问者的不同状态，让问题起到不同的作用。

教练在提问时充满信任是必须的。教练要相信眼前的人能自己解决自己的问题，能面对那些听起来、看起来有挑战性的问题。教练不需要担心对方可能回答不了某个问题，或担心问题会刺激到对方而不敢直接提出。在员工出差错、遭遇挫折时，相比说一大堆言不由衷、避重就轻的话，让员工直面问题更有助于员工对自我学习与成长的探索。

潜能教练提问还需加上"好奇"这个法宝。潜能教练可以结合当下氛围，充满好奇地提问，让员工感到问题的简单而又深刻，也愿意去回答。

与此同时，教练还要能感受到员工内心丰富的变化，却不会陷入追根究底的打听，不八卦，不会打破砂锅问到底，不计较那些与价值创造无关的细枝末节，并尊重员工的隐私等。

四、在激发潜能中汇聚智慧

（一）学会表达内心的尊重

管理者习惯对自己的观点、提出的举措深信不疑，并希望员工都能理解，从而使观点和举措得以落实与推广。事实是，规划得很具体的举措，也需要经过实证检验，更需要得到实践中富有创造力的探索。而实践的主角是员工。因此，潜能教练需要真正地以员工的实际情况为中心，基于他们的岗位角色、认知水平、能力现状、工作意愿与面临的具体问题，提供有针对性的帮扶，并在其中融入他们的创意，而不是以自己的观点为出发点和中心。唯有如此，才是真正的发自内心的尊重，也是落到实处的、利于员工的潜能激发手段之一。

（二）整合员工意见，以形成真正想要的绩效成果

越是基层员工，越了解具体情况。员工在工作中都碰到了什么困难？在员工需求方面有什么新发现？对如何更好地服务员工有什么建议与想法？员工如同组织中的一套多角度感知系统，但靠单一命令就把他们组织起来并非就会产生理想的效果。潜能教练要通过提问，邀请大家说出观察的结果与自己的观点，并使其与工作部署持续整合，进而做出判断，从而保证团队始终朝向目标前进且不偏离。在获取建设性意见与建议的过程中，潜能教练还要观察队伍的投入状态、能力及可能存在的局限，并基于此进行战略整合。

（三）鼓舞人心

鼓舞人心并不只是简单的肯定与点赞，而是支持员工不断地站在一个更大的系统性层面做思考，重新定义工作的目标与意义。这样的鼓舞支持员工独立思考、策划、行动，迸发活力，专注投

入，把事情干成，享受成长。那些擅长鼓舞人心的管理者深谙此道，允许员工放开手脚、大胆探索。

(四) 拥有目标、成果与问题三者统一的思考方式

任何人接手新的项目与任务前，都先要问出一些关键的问题。但所有的问题并非孤立存在，都是相对目标与成果而言的。缺少目标、成果的指引，问题本身就失去了存在的基础和回答的必要性，问题的解答也会缺少针对性。问题是驱动事物发展的必然，事物发展是因为矛盾自始至终存在于事物内部，而矛盾就是问题。因此，管理者应该在目标与成果的指引下洞见问题，并借此汇聚真知灼见，随后将其融入具体的工作，探寻创造性解决方案并付诸实践。

五、训练的小技巧

养成任何一个习惯，直到其成为肌肉记忆，都是一个持续的过程。潜能教练需要为此建立一套支持系统。

首先，潜能教练要为自己设定一个关于改变的目标。清晰的目标决定了改变的聚焦度，让注意力专注在改变上，并不断地从变化中得到反馈以强化目标。在任何时候，潜能教练如果留意到想法跑偏时，随时提醒自己重新回到正确的轨道上来。这个学习技巧很基础，谁都可以学会并轻松运用。

其次，潜能教练要有坚定的决心与发自内心的动力。有时候，困扰并影响我们坚定、持续地做出改变的是内在的干扰。人很容易对改变缺乏来自内心的认同，容易对真正做到不够自信，缺乏做得不完美时的自我允许，甚至还担心受到他人的"指点"或评价等，而这些都是人在行为改变过程中必然会遇到的。困住我们脚步的实际上就是我们自己。怎么才能让自己少一些这样的干扰呢？一个最佳的方案就是行动。一旦开始行动，我们就会从自己身上学到很多东西，这是行动的魅力，也是改变的源头。越多行动，越能坚定地改变。

潜能教练还可以增添一些好玩和有意思的元素。不是所有的改变都要把自己折磨得不行。如果你把能力习得视作人生旅程中不同站点的风景，那可以让这些转变变得好玩、有趣一些。你还可以找员工或家人，请他先说最近遇到的一件难事或开心事，然后你只用提问来做互动，不管他回答什么，你就继续提问，直到那个他觉得有最有价值、最能促成他思考且改变的问题出现为止。一位教练朋友分享过他的训练故事，他每天晚上回想自己白天自己提出的问题，然后记下来，再自我评价哪个问题最有力量，思考这个问题怎么给自己带来改变。

六、小作业

1. 每天向身边的同事、朋友、家人问10个开放式问题，然后留意对方的变化。
2. 进入一座名叫"好奇"的花园，那里开满了五颜六色的鲜花。

如果那里每一朵花的花瓣都代表着不同的问题，那么此刻你注意到其中一片花瓣，那会是一个什么样的问题呢？你对自己有多好奇？你对自己潜在的能量有多好奇？对自己将来的经历有多好奇？有多久没有好好地观察自己了？岁月已经把你塑造成什么样子了？你看上去像什么？你觉得你有多大的可能性去改变你的样子？假如你很喜欢自己的样子，那你又有多大的好奇心为自己增添一抹新的色彩？假如你真的让自己有了些新的色彩，那会是什么样的？假如你每天开始画一朵花，一片花瓣就代表一个问题，一朵花至少有10片花瓣，那么看着这一朵朵自己画出来的花，开在花园里，你觉得你在种植什么呢？

3.结合工作场景中碰到的挑战，尝试提问。

假如你看到一个强有力的问题提出后，一朵朵花渐次开放的样子，你会留意到什么？这个强有力的问题可能是什么呢？

整体聆听：进行强有力的沟通，深度连接

聆听是无声胜有声的沟通。整体聆听，是指基于对受教练者的整体理解，来了解对方描述所展现的思想、态度、情绪、能量，以及"言外之意"。教练的聆听越全面、越深刻，同步建立的连接越牢固。聆听指教练不说话，只聆听，以支持受教练者不断地通过"说"来表达自己、探寻自己、理解自己，进而找到自己、激发潜能。

一、聆听的三个层次

第一层是选择性聆听。顾名思义就是管理者选择想听的听,不想听的就打断或过滤。比如:当感觉员工说话有点绕弯,或想听的内容没有出现,管理者就不等对方把话说完,直接打断,然后直接说出自己的意见等。这些都属于选择性聆听。

人类的大脑会本能地去搜寻认知范围内的事物,快速根据自己的认知框架来理解事情,然后激发出一个想要做出回应的想法。管理者日常工作中的绝大部分时间都是在听汇报,而这是为了给予工作指导和帮助,而非在聆听中理解并明白对方。

第二层是结构化聆听。潜能教练要知道员工讲述的内容在逻辑层次的哪一层,处在身份、价值观、愿景、能力、行动或环境层次上。

结构化聆听能发展管理者概念化与结构性思考的能力。潜能教练基于逻辑层次建立起结构型聆听框架,可以了解员工表述的基本框架和框架中的内容,支持员工破框并建立新框架。

第三层是整体聆听。潜能教练能听到关于过去、现在、未来的信息,听出言外之意,听清弦外之音,觉察到情绪转折与能量变化。整体聆听需要有中立的教练状态支持,教练要放下个人意图,放下自我表现的冲动、时间和任务的压力,整体地感知。

我发现真正的沟通高手、大师级教练都是聆听高手。他们都在逻辑层次的上三层下功夫。只需聆听，他们就能无声地创建出人与人之间强有力的联系与相互支持的力量。这种聆听的力量对员工来说，是无声胜有声的反馈，是很多肯定、鼓励、指点所无法替代的。这就是管理者以聆听来支持员工表达并展现自我而产生的力量。

整体聆听与有力发问总是结合在一起。教练聆听后需要恰到好处地与员工的当下"共舞"，以让聆听发挥更大的作用。比如：对听到的关键词做提问和回放；把有价值的线索，再次整合成一个反馈或者一个问题，并使其呈现在员工面前。

二、听和被听的体验

（一）体验被聆听

你有被全面地、深层次地聆听过吗？被聆听的体验细腻而美好，能让人感受到自己在被信任中慢慢改变。

被聆听时，你开始注意到自己慢慢地从说事转变为听到了自己的心声：原来我是这么理解的，原来已有了这样的想法，原来我有这么多资源与可能性。你能接收到一份鼓励，置身于一个安静的场域，可以让你把需要表达的情绪缓缓释放出来。你能感受到来自教练的欣赏、允许、支持，它们鼓励着你向内再深入，去看自己。在表述中，你不断地展现自己、理解自己，知道自己真正聚焦的是什么，想传递什么。

你不断地向内感受自己，强化对事物的理解，同时这种体验有力地支持着你建立一个更强有力的目标感、成就感，与更多的可能性、更深的实质、更远的愿景建立牢固的联系。此刻的联系不是靠一根绳子拴在一起，而是自己能感受到的、一股持续向外喷发的能量。

当然，每个人被聆听时的感受都不相同，这源于个人体验。但所有的被聆听最终都会产生自我探寻，让每一个人建立起与内在自我、与外界的联系，而这种深层次的联系也让激发潜能的神经得以打通。

（二）体验专注的聆听

潜能教练专注地聆听就自然而然地传递出一份纯然的尊重，双方能感受到正在建立关系，并让彼此从关系中收获热情与前进动力。专注的聆听能让正在听的潜能教练更真切地体验到，其实人际关系是可以如此开放的、自由的，不需要粉饰。比如：在拓展工作思路时，你感知到对方目前还在哪片区域"盘旋"；从团队负责人的讲述中，你感受到他的使命与责任，他有焦虑与压力，也有责任与抱负。

你会想：原来眼前人珍惜的是一个如此可贵的原则；在这个表述之下，还有这样的情感纠葛；眼前的人的视角是如此多元；眼前人拥有更多的可能性。

这些觉察在聆听中产生，你在专注的聆听中不断感受到人的丰富性与拓展的可能性。

专注聆听在建立人与人之间的深度联系的同时，唤醒人类高贵的情感——悲悯。悲悯并非悲情，而是对人类生命的珍惜与感怀，对彼此的尊重与恭敬。聆听越专注，内生的悲悯力量越强大。深度的专注聆听还意味着教练的心智在提升、人生厚度在增加，因为教练有能力去看到、了解到不同人丰富多彩的内在世界。

三、怎样听才算是真的听到

最高境界的沟通是纯粹的倾听，这需要潜能教练放下自我表现的欲望，放下自认为的正确或高人一等，不会在对话中强塞各种杂念。如果潜能教练的聆听被自己的判断所遮盖或牵引，那么他会发现不了对方身上更大的完整性、可能性、真实性，与对方之间的沟通通道会因之受阻。这也会产生词不达意的表述，并不仅仅是用词不妥，还有回应欠缺当下的针对性，欠缺能被对方吸收和理解的成分。

在管理场景中，潜能教练切忌急着打断，一定要让对方把话讲完。打断对方隐含着这样的信息：你不用再往下说了，我都知道；让我来直接告诉你吧；等等。无论如何，打断别人说话欠缺尊重。同时要留意的是，很多人是"大声思考型"，需要开口说话，才能把观点、想法梳理清晰。他一旦被打断，就如流淌的溪水被堵住了，而等再继续时，对于刚才说了什么、说到哪里了，他都可能忘了。那些刚开始说几句话就被打断的员工，会心生沮丧，因为他们不知道是继续讲下去，还是对教练提出的问题做回应。

潜能教练实在憋不住要打断，可以说："对不起，我想在这里打断一下，可以吗？"在征得允许后，潜能教练再讲话。不过，在工作交流或者会议中，打断他人说话不宜太频繁。

初学潜能教练课程的管理者会问：教练对话可以被打断吗？答案是可以。当员工卡在一个过去的事件或细节中，花费了2~3分钟讲述，解释了前因后果，还无法从过去的故事或细节中走出来的时候，此刻就需要打断。这是为了防止员工停留在过去，帮助员工从旧有的框子和故事情节中走出来，聚焦于对目标与成果的探索。潜能教练可以这么打断他：

- 我们的时间比较有限，我需要打断你一下。

然后，潜能教练做一下过渡：

- 你刚才提到了××，如果暂时把这些放在一边，你真正想要达成的目标是什么？

四、小作业

聆听能力需要持续训练、有意识地觉察，才能得以提升。

（一）练习：学会闭嘴

你邀请家人、朋友或同事，分享他们的故事。

这个故事是关于他们自己的。故事中不仅有生动的情节，还有其他事物，比如幸福、快乐、成就感、平和、光荣、爱等。

在对方讲述故事的时候，你务必闭嘴，不要插话，甚至连轻微的点头也不需要，也不要联想到自己的经历，只需专注、认真地倾听即可。

设定时间为3~5分钟。

结束后：邀请故事的主人公分享被聆听的感受。同时，你也向故事的主人公反馈，你听故事的感受。

这个练习能训练你全神贯注地聆听的能力。你会发现，你不仅具备结构化聆听的能力，还完全具备整体聆听的能力。这是因为聆听是一个人天生就有的能力。你只需要在聆听的时候，屏蔽你内心的声音，只专注于你眼前的主人公。

（二）练习：叠加结构化聆听

在第一个练习的基础上，潜能教练叠加对逻辑层次的结构化理解，在保持专注、好奇，坚持不插话、不打断、不判断的同时，留心对方的表述内容在逻辑层次的哪个结构层。

（三）练习：听自己的声音

很多人从来没有认真听过自己的声音。你可以通过聆听自己的声音训练聆听能力。

选一篇优美的散文，字数在300～500字，快速浏览下，确保文中没有你无法准确发音的生僻字。
先无意识地朗读一遍，同步做录音，然后听一遍。在听的过程中，留心自己的语气、语调，问问自己的朗读是否代表了你对这篇散文的理解。
接着，有意识地再朗读一遍，也同步做录音，然后再听一遍。还是留心自己的语气、语调，留意前后变化。
你可以不断地朗读、录音、聆听、对比，直到自己满意为止。

这个练习的主要目的是让你去感受声音中蕴含的能量、情感。作为一名潜能教练，你需要让自身的语音、语调发挥作用，在了解这一点后再从对方的语音、语调中捕捉变化。

促进行动与承诺：知道更要做到，付诸实践以达成结果

教练激发潜能不仅帮助受教练者产生新的洞见、觉察和创意，还激发受教练者制订出能付诸实践的具体策划方案、行动计划，促进知行合一的自我学习和成长。

一、行动计划的四个组成部分

教练对话区别于日常聊天的一大显著特征是:通过教练对话明确后续达成目标的行动计划。行动计划至少包括时间、内容、策略、执行人四个部分。

(一)行动计划开始执行和完成的具体时间

行动计划由员工自己设计并确定。时间越具体,落地执行的可能性越大。有时候,员工说了很多行动举措,但是既没有明确什么时候开始,也不确定何时完成。停留在策略层的行动计划不是真正的行动计划。潜能教练的提问聚焦于:

- 什么时间开始?
- 什么时候完成?

(二)行动计划的具体内容

- 干什么事?
- 分哪几个阶段?
- 有什么具体步骤?

大型的商业计划或项目计划还会设立里程碑。行动计划中既有已知条件下如何操作的计划,也有如何克服预见的挑战和困难的针对性解决方案。

（三）行动计划的策略

这是关于做什么以及如何实施的布局和谋划。比如：

- 具体的行动计划包含什么？
- 怎样才能确保行动计划落地？
- 如何在时间、精力、资源方面做系统性安排？
- 该如何处理不可控因素？

具体的行动计划，再加上落实行动计划的策略，会让整体计划更扎实。

（四）行动计划的执行人

行动计划需要明确具体的执行人：一方面是执行计划的员工，另一方面是行动计划中相关的、需要邀请参与的人。参与行动计划的人，都与想要达成的目标有关，潜能教练要考虑他们参与的可能性、投入度以及必要的资源支持。教练需要问：

- 有哪些人与行动计划有关？
- 他们会考虑什么？
- 如何让他们参与进来？还需要做哪些准备？

二、识别两个关键信号

一是语言。如果员工总是说"可能""估计"，那么员工对是否需要采取这个计划或其执行性还不确定，教练直接发问：

- 你多次提到"可能",需要做些什么才能让你更加确定一点?

二是语气、语调。员工如果说计划的时候显得迟疑,磕磕绊绊,抓头挠耳,就可能存有一些顾虑和担心,或是还没有想清楚行动计划到底该如何实施。教练的提问是:
- 我注意到你停顿了,发生什么了?
- 我注意到你描述计划时做了这个动作(然后教练也照着做一下),你想到什么了?

员工有时会说:"一旦我有了意识,我的执行力是很强的。"他或许真的有很强的执行力,但教练还是要紧跟着问:
- 你是最知道你自己的,既然你的执行力很强,那你开始的第一步是什么?

即使面对自认为执行力很强的受教练者,教练也需要努力地推进他们制订能真正落地的行动计划。

三、说话算话,才能落地

教练促成受教练者做出落实计划的承诺,让其对行动计划的执行负责。潜能教练不是帮助员工解决问题,而是帮助员工理清问题、找到解决问题的新方法,制订行动计划,做出承诺,持续性地把计划落实。

临近对话结束时，教练需要问：
- 你对执行行动计划的承诺度有多高？
- 你如何确保在碰到障碍和困难时依然能执行计划？

一个有承诺度的计划会让员工对自己的工作负责，勇于担当，有更多的主动性和创造力。而那些由上级帮助策划、制订的行动计划，会让作为执行者的员工在心里嘀咕："反正这是你要求我做的，我照你说的做就可以了，结果怎么样不是我的责任，因为这是你让我这么做的。"这个部分会在第六章的教练式绩效反馈中再展开。

四、四种评估方法

教练对话有时是一次会谈，更多是长周期（持续进行6~8次的对话）的。潜能教练有责任确保，每一次对话都在朝向受教练者的目标进行，而这有四种评估方法来检验教练工作的有效性与可持续性。

（一）在每次对话结束后，邀请员工做收获总结

在总结时，员工对教练效果做评估和下定论，教练要照单全收。教练要对整个教练过程做复盘和反思，并留意在哪些方面还可以更好地支持员工。潜能教练如果对员工足够信任，可直接询问他在哪些方面还可以支持对方拓展得更深入些。

（二）在每一场对话开始前，询问对方最近都有什么样的变化或进展

这不需要受教练者说得非常详细，也不需要告知到底做了什么，潜能教练只要确定对方在上次教练对话后有所行动，或已产生改变，就可以了。

（三）在结束长周期的教练对话后，做整体回顾

教练与受教练者一起商量选择一个合适的时间，梳理清楚这段探索旅程中的学习与成长，做复盘与整合：有哪些收获，有了什么样的转化，为实现整体目标创造什么样的价值。

（四）向所在团队的其他成员、上级或下级做征询

这种评估的存在，主要是因为由受教练者所在的组织安排教练活动，组织方需要通过效果评估来检验项目是否成功，并支付相应报酬。因此，评估要在教练过程开始前就征得本人同意。也有员工会主动向自己的上级、平级、下级去征询意见，或把别人不经意间给到的反馈记录下来，用于后续评估。评估的参考对象，除行为变化外，还包括自我认知的觉察深度、状态的展现，以及团队业绩变化等。具体如何开展在第七章第三节中有提到。

激发潜能意在支持员工进行持续成长与成果达成。一般来说，行动层面的步骤容易实施。但现实情况是，如果教练对话没有激

发员工的潜能，只是简单地运用分析问题、解决问题的结构做提问，那么其得到的行动计划会缺少创造力、全力以赴地执行的承诺度，并有可能在执行中，因为时间、精力、资源方面的限制而出现卡顿或倒退现象。所以，要拿到一个扎实并富有高承诺度的行动计划，潜能教练需要在整个教练对话的过程中，总是创建觉察在先，制订行动计划在后。而且，在员工制订行动计划后，潜能教练还会邀请员工在落实行动的过程中获得深层次的觉察，让员工拥有更强的内在力量，而这一切更利于强化行动落地的承诺，让改变持续发生，从而达成目标。

成长反馈：正向引导，支持员工在困境和挑战中成长

潜能教练所要具备的成长反馈能力结合了提问和回放，能促成受教练者自我觉察、自我学习。成长反馈注重正向引导，支持受教练者跳出问题框架，聚焦目标达成，在经事、觉察、反思中学习，获取新的洞见与策略。

一、两种不同的思维框架

潜能教练搭建成长型思维反馈框架，注重目标引领，关注人在经事过程中的学习与成长，并善于挖掘和利用资源、优势，主动解决问题。

成长型思维相信人能通过学习来成长。人的大脑具有神经可塑性，通过学习能建立新的神经连接。内在的潜能激发让学习更加

持久与稳定，让人的成长会达到心、脑、身合一的效果。当成长型思维占据主导地位时，人更愿意走出舒适区，向未知学习。人不仅追求结果达成，还注重达成结果的过程；不回避矛盾，敢面对失败，尤其懂得如何接受不当或错误的发生，善于在过程中纠错，在失败中学习。拥有成长型思维让人更有未来感、目标感，会有更多的好奇心去探索未知的事物，倡导并实践终身学习，持续拥抱变化。

成长型思维的对立面是固定型思维。固定型思维会认为人就是不可更改的，生来怎样，老去也怎样，它倾向以事情成功与否作为唯一度量尺。有这种思维的人即便是对能被自己深刻感受到的自我优势也不敢坚信，遇到挑战时通常会说："如果我失败了，大家会怎么看我呢？"一般来说，在固定型思维的主导下，人明知需要创造机会、创新式探索，但会害怕失败，不敢尝试。他们被牢牢地框在别人的眼光、过去的习惯和外在标准中，习惯以外在认可作为评价的唯一标准。

一般来说，员工身上都并存着成长型思维与固定型思维，而哪一个在工作中更明显，与管理者能否有效搭建成长型思维反馈框架有关。如果员工面对任务时，表现为害怕出错、怕被批评、怕做不好，不断强调外部客观条件的限制，那么这是最需要潜能教练提供成长型思维反馈的时候，以支持员工转变思路，挖掘新视角。当然，对原本就以成长型思维为主导的员工来说，成长型思维反馈框架会让他们更如鱼得水，有勇气和智慧去完成任务。

二、经事长智，并发展心智

（一）明晰意图与目标

潜能教练帮助员工在面对挑战时能明晰：真正想要的到底是什么？只有在清晰目标的引领下，员工的思考才能趋向未来，趋向成果，具有创造性，才能在面对当下问题与可能存在的风险时，找到破解它们的可能性。当员工陷入迷茫状态，找不着北的时候，潜能教练要先帮助他们从僵局中走出来，可以直接问：

- 听起来确实错综复杂，那你真正要达成的目标是什么？
- 真正要创造的价值是什么？
- 你真正要实现的价值是什么？
- 你想要为客户带去什么？
- 什么卡着你？你怎么迈出一小步去接近目标？

这些提问都指向未来的目标。人一旦开始面向未来搜寻方向、锁定目标，就在无形中为自己向前迈步找到了一条新路，也就有可能从卡壳的境遇中，找到突破的关键以及破解之道。

潜能教练不要直接问：

- 你出了什么问题？

这样的提问听上去似乎带着无奈、责备，让对方感觉像是要做自我检讨一样，情绪、自信心也会受到影响，甚至很长时间内都难以复原。如果面对的是直接下属，直线经理心中更要明白，自己与员工是共创绩效的联合团队，如果真的存在问题，那也是共同的问题，而不只是员工单方面的问题。

（二）从负转正，拓展可能性

潜能教练注重经一事长一智，把可能存在的负面因素转化为积极正面的力量，让心智在磨砺中持续成长，在优势与禀赋之外获取更多的发展可能。

如果员工直接说出已经碰到的困难和发生的问题，那么教练在帮助他们再次明确工作目标后，就可以带着好奇与支持的语气提问：
- 你已经付出了哪些努力？
- 你认为目前做得让自己满意的是什么？还可以做得更好的是什么？
- 你在应对这些挑战中，发展出什么样的新能力？有什么样的收获？
- 到目前为止，你积累到了什么？
- 你与之前相比，有什么不同？
- 在现有基础上，你如何学到更多的本领？
- 后续你会如何让自己更加如你所愿地达成目标？
- 回看你之前踩过的坑，你从中得到什么启发？

潜能教练不要问：
- 这是谁的错？

或许本意是帮助分析原因，但对方一定会说事情是怎么发生的，他已经尽力了，出现这个结果是他也无法控制的。这一连串的陈述、说明，更多像是在解释由于其他人的因素造成该结果。此刻是潜能教练通过反馈让员工的心智获得成长的好时机，可以直接问：

- 刚才听你说了这些情况，那你在这个过程中还可以做些什么，以帮助事情出现转机呢？
- 你觉得自己在这个过程中，有哪些是真的做到位的，哪些还可以做得更好？
- 你觉得如何让项目进展顺利呢？
- 你可以从中反思和学习到的是什么呢？
- 如何把今天反思的收获带入后续的工作呢？
- 听了你说的后，我也有些观察结果与建议想给你，你需要吗？

成长型思维反馈对信心满满的员工来说，可以支持他们更加聚焦目标，更加全面、审慎、系统地做分析与计划，一步一个脚印地实现目标。潜能教练可以这样反馈：

- 你可能会碰到的挑战是什么？你打算如何面对呢？
- 还有哪些方面你可以考虑得更加周到些？
- 这个项目与哪些人有关？你如何得到他们的支持？
- 项目推进中涉及流程的因素还有什么？你打算怎么办？
- 需要我在这个过程中如何支持你？
- 教练对话到这里就结束了。刚才听了你说的，我认为还有些因素需要考虑，说出来供你参考，如何？

一旦你理解了在特定场景中以有力发问的方式对员工的成长型思维框架做反馈，那么你将会创造不同。

三、运用回放的技巧和艺术

潜能教练运用"回放"这个技巧做回应，如实总结在探索过程中出现的重要讯息，并将其呈现给对方。

潜能教练以回放来反馈，是一种有力量的艺术。回放中带有艺术的成分，是指潜能教练在对话过程中，把从与客户的互动中得到的对客户价值的认知，直观地呈现给对方，让客户经由教练的反馈再次看见自己，产生自我洞见。

（一）客户的风格和语言背后藏着什么

> 我们每一个人都有体验过回音壁的经历吧？你知道的，在向回音壁发出兴奋的呼喊后，就立刻让自己安静下来，竖起耳朵，听着回音壁把声音原原本本地回放给自己。那一刻，你是不是特别欣喜和感动？是不是感觉与大自然紧紧连在一起？你立刻会有再次欢呼的冲动，再次发出呼唤，又一次听到了自己的声音。你一遍又一遍地发出呼唤，回音环绕在耳旁，然后传向远方。当下，你感觉到来自回音壁的信任与诚实了吗？

回放在潜能教练的过程中有独特作用。员工需要回放，从教练的口中听到自己讲述的内容，感受到一份自我信任和鼓励。教练更加需要为员工做回放，有时是为了凸显自己在探索过程中发掘到的价值，有时是因为教练并非无所不知，需要诚实地表达，看看自己是否清楚理解员工的话以及教练对话对员工是否有价值。

教练并非一字不漏地把员工所讲的内容重新讲一遍，而是抓住关键，对有价值的部分做回放。

法国作家罗兰·巴尔特（Roland Barthes）在《写作的零度》中提出一个观点：语言结构的水平性与风格的垂直性共同构成了作家的一种天性。其中，语言结构是人类思想形成和表达的一般框架和条件，言语表达是思想内容的语言实现结果，而个人风格则是与作者个人身心气质、倾向相关的特殊修辞学倾向。而这一切同时与历史时代、认知方式、写作立场、写作对象等其他各种不同层面的相关因素，组成了一个写作的综合机制。巴尔特不是从文学思想的"内容面"来研究，而是从文学思想的"表达面"来研究，这更有利于我们理解每一部文学作品的思想产生与运作的整体过程。

这为教练在回放时尊重客户风格、使用客户语言提供了依据。人类的多样性、丰富性并不仅仅体现在人种、价值观、文化等维度，即使是相同的内容，在具体表达结构和方式上也不尽相同，都隐含着人结合自身的独特理解，融入了人生经历、专业理解、价值倾向与习惯偏好等。教练若需理解客户的内在意图、探索目标及其产生、运作、发展的整个过程，特别需要基于客户全面、整体、可持续发展的立场，建立起对客户的"表达面"的尊重与理解，对客户的表达结构、表达方式、语言等能全然尊重、接受，并恰到好处地选择重点进行回放。教练尊重客户的"表达面"，也是在激发客户的潜能。

（二）尊重客户价值观的三个回放技巧

客户在教练过程中经常会使用带有个人特色的价值观词汇。教练不能凭借自己的人生经历为客户的价值观注入自己的看法，而要结合客户的人生经历去理解对方价值观的特定内涵。其中有三个技巧需刻意修炼：

1.回放时关键词要保持原样，不要用同义词替换

客户说"坚持""豁达"，潜能教练在回放时，就直接用"坚持""豁达"，千万不要把"坚持"改成了"坚韧"，把"豁达"改成了"乐观"。同义词和近义词的替换在教练对话中要避免。

2.直接使用客户的语言，不要把自己的价值观带入阐述

刚开始教练对话时，两人谈着谈着就像是朋友聊天，潜能教练会忍不住分享对客户价值观的理解，并阐述自己的价值观，比如用自己的语言对客户的"坚持""豁达"做一番阐述，或者说"我认为……"等。要千万小心的是，教练在对话过程中融入了自己对价值观的理解，有可能会曲解客户，更有可能会破坏信任关系。

3.即便是庆祝客户的成功，也要防止把自己的看法带入

有些教练在结束一次教练对话后，习惯给对方很多鼓励或使用客户的价值观词汇来表示庆祝，这些都是需要小心的陷阱。潜能教练要提高嘉许的精准度、匹配度，千万不要把为客户庆贺，变成了为教练庆贺，情不自禁地用自己的价值理解去阐述客户的成果。这样做可能会影响客户的成就感。

（三）回放的三个妙招

潜能教练只简单回放关键词，缺少灵活性，可能会变得程式化。若在回放中，教练把自己的专业能力、风格直接与客户的内在独特性、外显风格相结合以支持对话，客户会一边对自己产生好奇，一边感到欣喜："这是我说的吗？我怎么突然有了这样的发现呢？"这是回放所带来的效果，有三大妙招可供参考。

第一，回放对客户最有价值的部分。对客户最有价值的部分，并不只是价值观，还可能是教练过程中客户遗漏的部分、前后描述不一致的部分、客户纠结的内容，甚至可能隐藏在不经意间的肢体语言和语气、语调等中。教练如果意识到某部分对客户有价值，需要且应该及时做回放。

第二，直接沟通中融入教练的直觉。直接沟通源于直觉，教练相信并敢于运用自己的直觉。而教练的直觉在于教练把自己置于客户所处的大背景下，并清空自己，打开所有的感官来感受，尤其

是注意客户情绪与能量方面的变化。在客户话音落定后，潜能教练要留出3~5秒的停顿时间，然后准确阐述刚刚直觉提供给自己的讯息，可以说"看上去你似乎……"、"听起来你好像……"或"这只是我的直觉，不知道对不对"。

第三，回放要如实呈现，不附加条件。教练与客户是合作伙伴，在前进的道路上，教练要把自己的发现如实地分享给客户。潜能教练可以说"我观察到你刚才呼吸加快了……"或"我注意到你刚才一下子嗓门大了很多……"。然后，潜能教练就让客户直观联想到他阐述的那个时刻所发生的一切，如同电影倒带一样，客户能重新回到过去，而这个时刻对客户来说至关重要，因为新的发现就藏在其中。

教练以客户为师。回放是否能让客户感到好奇、欣喜、真实、信任，并生成新的触动和潜能激发，完全取决于客户，这没有标准答案。在这里，潜能教练一定要清楚，客户是自己最好的老师。暂且抛开客户的成长不谈，在过程中，潜能教练既有主动的学习与成长，也有在陪伴客户成长的过程中，被动接受教练过程所赐予的眼界开阔和能量提升。看似教练如同客户的一面镜子，其实，教练与客户是互为镜子，是客户的信任与托付让教练有机会能力精进，在每一个教练过程中觉察到自己的教练水平所能起到的对客户的支持作用。持久的教练关系，事实上，是教练与客户共同学习、成长的伙伴关系。

四、反馈如何激励人心

潜能教练提供"激励人心"的反馈,与"做什么"无关,而是与"怎么做"有关。潜能教练为员工提供反馈,是面向心灵的叩问。

(一)传递信任

反馈之所以能激励人心,是因为它传递出对员工的信任。这种信任本身就带有力量。反馈就如同一名园丁在用不同的方式浇灌花朵,每一朵花都有自己的开花节奏,潜能教练浇花时坚信不会立见花开,但是花开有期。

常言道,千万不要把一个人看死,不要把一个人看扁。教育的本质是信任。潜能教练要避免嘴上说信任,内心里还不断地给对方贴上各类标签,因为被标签化的人,意味着被框住了,失去了可能性。

假如员工的方案还达不到要求,那么潜能教练的反馈是:
- 你提交的方案在实际举措方面挺好,但从根本性解决问题的角度看,你还需要把问题想得再系统、全面些。你想一想,你会选择的新角度是什么?你觉得从新的角度来审视,会有什么新的发现?对目前这个方案又有什么启发?

（二）传递真诚

真的假不了，假的真不了。真诚是反馈需要传递的内在本质。潜能教练是否真诚，员工能感受到。有一名教练谈起真诚时，观点颇为精彩：世界上没有一条路是通向真诚的，但真诚是通向一切的路。

我们有时会误解真诚，以为真实就是真诚。"我想到了，感受到了，我就直接表达了。"真诚不是缺少替他人着想，而是缺少照应到彼此的关系。

真诚是能理解员工，理解员工所处的情景与当下的状态，理解他们在这种情况下这么说或这么做的原因。真诚是能把对方视作自己，思考此刻应该说什么做什么，才能更好地回应并支持对方。

真诚是能自律，不欺骗对方，不会为了让对方感到满意，而说一些连自己也不能认可的话。真诚是会如实地表达出对问题的看法与理解，坚持特定的原则，坦诚地提出观察结果与建议，并允许建议是可以被调整或完善的，而不是不容置疑的。

真诚会富有勇气地展示出身心如一的价值准则，并且能使自己与对方的价值观进行连接。潜能教练与被反馈者内心的价值追求之间建立联系，是真诚带来的力量。

真诚会帮助潜能教练看到员工的优势、贡献，看到自己的不足与欠妥；能在失败或出现错误的时候，先审视自己做得不够完美或出现错误之处，并能有意识地改正；对自身行为带给员工的负面影响，主动地做出回应与弥补。

（三）传递群体的力量

但凡让人印象深刻，并且能感受到激励与鼓舞的反馈，都会传递出群体的力量。

在正向反馈中，潜能教练不仅要充分看到个体在其中的贡献，还要反馈每一个个体的成功都离不开团队、平台的支持这一点。

一位优秀的科技创新型人才，在获得荣誉后会非常焦虑，唯恐自己一天不努力就被同伴赶超。潜能教练可以给予的反馈是：

> 荣誉是一种认可，但它实际上来自外力驱动。真正让一个人始终保持成长的是内心的驱动力。你内心所求的到底是什么？你的内在禀赋与热爱的是什么？如何发挥这些禀赋与热爱，以更好地服务于给予你机会的团队、组织？这就是面对荣誉时要思考的问题。

一家公司的员工去参加行业的技能比赛，在同批次中获得了第一名的好成绩。公司的一位高管在得到消息后，及时做出了以下反馈：

> 太好了！祝贺！你能拥有这样高的专业水平，固然是个人努

力的结果，但你也要看到企业这个平台给到的锻炼机会。公司鼓励大家在工作中学习，更好地把能力施展出来以服务企业的发展，公司现在需要更多的大数据人才。

以上只是一个关于工作反馈中如何传递出群体的力量的例子。潜能教练要意识到我们都处于一个特定的社群关系中，每一个人都需要创造出正向循环关系，让个体的能力服务于更大的目标。

潜能教练如果在反馈中明确了群体的力量，就是强化了员工对自身的行为结果可能带给团队、组织，甚至在更大范围内产生影响的理解。具体讲，这就是激发员工担当，支持员工创造更大价值。

当然，负面反馈同样要传递。潜能教练可以反馈此事件给团队、组织带来的不良影响，同时要体现出管理者的担当，做出共同纠错或解决问题的承诺。潜能教练不能只把差错或问题归结于员工，仿佛自己是"事不关己"的局外人。

（四）激发自主

管理者在真实的工作场景中，由于急着完成手头任务，总觉得与其说这么多，还不如直接告诉员工该怎么干，这样效率高。他们此刻遗漏了一个关键细节：职场中的机械式服从最不需要对事情的成败负责任，即至于做得怎么样，员工不需要负责，因为他们是被要求照着做的。此外，大多数管理者的反馈，容易忽视自己与员工在思维模式与站位方面的差异，忽视因此而产生的员工没有真正理解反馈的意图。

潜能教练应在过程中更多地去理解员工的想法，听到更多建设性意见，不直接忽略或否决不一致的意见或想法。潜能教练可以稍微好奇下，询问所提意见背后的想法，然后再把自己的想法说出来，鼓励员工自主整合形成意见。

"哎，我跑在前面，回头一看，队伍怎么还没有跟上来啊！带队伍真难啊！"管理者可能都有过这样的经历。当员工不仅能"知其然并知其所以然"，还能提出完善性的意见与看法时，他们才能在工作中展现出自主性与灵活性，才能跟上组织发展的步伐。

也有员工可能习惯于被告知。"领导，你就告诉我怎么干吧，我就照着你说的干。"管理者如果此时随即顺势指导，就遗漏了另一个关键点：管理者只要求员工依葫芦画瓢地照着做，很可能失去了发挥个体的创造性与能动性的机会。特别是在需要更多创新创造、直面外部环境变化而快速做出反应的组织中，如果被反馈者接收到的信息总是"你照着我说的去做就可以了"，那么团队和组织的成长会受到阻碍，个体与团队层面的自主性无法在日常管理情景中得以养成和激活。

此外，组织在一个方案中吸收并融入了员工的创意与创造性，并予以公开肯定，意味着员工被看到了，得到了认可和支持，这确实能激发团队成员完成目标的自主性和承诺度。

稳定的教练状态：自我觉察越深刻，激发潜能越有力

觉察是潜能教练所有能力中最重要的，也是教练能综合运用前六项能力的直接体现。假如教练是一面镜子，那么镜子摆放得越正、擦得越干净，越能支持到客户。教练状态是教练真正拥有并稳定地展现出来，支持受教练者深度觉察以达成对话成果的内在状态，是一种很难描述的存在、体验、感觉。教练状态既包含教练的自我觉察，也包含自我情绪识别与自我管理。每一位教练都需要通过刻意锻炼才能拥有稳定的内在状态，都需要建立自己独有的对教练状态的觉察。

一、超越表层的同理

同理，是指潜能教练要超越简单、表层的理解，带有深刻的理解，进而产生洞见。教练要想建立对客户具体而整体的理解，必须要有敏锐的觉察力，并能理解和解释渴望、信念与更深层心智的内涵。

这还要求潜能教练准确运用人类与生俱来的心智推理能力。人类有一种珍贵的心智推理能力，而这种能力在5岁时就自动发展完成。认知神经科学之父葛詹尼加（Gazzaniga）在其经典之作《大脑、演化、人》中，有趣地写道："我们比黑猩猩这个亲戚更能深入了解其他人的思想、信念及渴望。"对人的同理心，要求教练有能力进入当下对方的内在世界，真实、准确、有深度地感知对方。教练运用心智推理能力时需要防范两个陷阱：一是把自

己的心智推理能力看得过重，使其成为衡量他人的标准，觉得应该是这样而不该是那样；二是运用自己的心智推理能力去推论他人的心智，并以自己的价值观去评判客户的价值观。

同理心还要求潜能教练要刻意练习整体聆听的能力，完整又深刻地理解客户。潜能教练要理解客户说出来的和没有说出来的重要信息，从语言、语气、语调中感受其情绪起伏。有时候一声叹息、一个低头、一个情不自禁地把双手交叉在一起的动作，都传递出当下关于心理活动的信息。

教练要抱持着一份强烈的教练状态觉察意识，在每次对话开始前就做好充分的准备：清空自己，把关注点全放在客户身上，不产生一丝一毫的质疑。

二、大胆地运用直觉

直觉来自人的无意识。教练要刻意培养对自我无意识的信任，并发展和运用它。教练的直觉来自与客户对话过程中所经历并体验到的，而在那个当下，觉察也会迅速出现在无意识中。

蜈蚣有那么多条腿，如果认真思考先迈出哪条腿，它估计就无法行走了。直觉建立在教练自身没有任何意图、没有想把客户引导去哪一个方向、带着对客户油然而生的同理心与好奇心的基础上。直觉不是判断，是在某个特定的状态下，直接生发出来对客户的理解、觉察与洞见，而不是对客户的那个状态下结论。直觉也不是经验，所有的经验都带着个人过去的痕迹。

潜能教练信任并发展直觉，灵活自如地调用它，基于当下进行直接沟通，这对员工创建觉察力特别重要。当直觉出现时，潜能教练要能觉察并抓住直觉背后的信息，然后直接发问：此刻可能有什么正在发生？如果潜能教练感受到员工内在情绪与能量的波动等，他需要信赖自己的直觉并直接沟通，并提醒员工留意能量的变化，让对方有机会触碰到盲点或不愿触碰的痛点。深度觉察会在当下出现在对话中。潜能教练可以这么表述：

- 我注意到你的情绪有些变化。
- 你几次提到想要实现这个目标，但到目前为止你都没有提到如何实现。

潜能教练然后就沉默，享受片刻的停顿，等着员工回答。员工会经由觉察留意到其背后更深刻的问题。

潜能教练要学会停顿。在员工话音刚落的时候，潜能教练不要急着提问，留出2～3秒的空隙，让直觉冒出来。潜能教练相信直觉，也要允许自己犯错，因为在支持员工探索的过程中，也会出现平淡无奇的内容、没有击中要害的方案、错误且不适合当下的问题。即便如此，潜能教练依然要相信自己的直觉，调用直觉的力量，有力地发问。潜能教练针对直觉给到的讯息发问，也是在借由员工的能量、资源、故事去理解员工，支持员工产生深层次觉察。潜能教练可以如此表述：

- 我有一个直觉冒出来了，我想分享给你，但还不知道对不对。

- 在你这么说的时候，直觉告诉我你的内心有变化，不知我的直觉对不对？

三、中立且不掺杂评判

教练进行自我深度觉察时，需要留意并管理自我情绪、思绪，克制住想给建议的冲动，克制住想在提问中引导的冲动，保持中立状态。

在中立状态时，潜能教练没有做出任何关于员工正在讲述的内容的判断，提问不带任何引导成分，更不掺杂自己的人生经验。即便是语气、眼神，都不带入任何评判。即便是一个点头，也仅是传达"听到你说的了"、"我在听着呢"或"能理解此刻你说的"的意思。

潜能教练不仅在对话过程中保持中立，还把中立的态度运用到对话全过程和长期教练中。员工想要讨论什么议题、达成什么结果、选择用什么路径与策略，都由员工决定。

旁观者清，给建议确实比不给建议更容易。但潜能教练还是要防止自己在擅长的领域成为专家型顾问，抑制住好想给建议的冲动，否则会让员工养成依赖的习惯。潜能教练与导师、体育教练不同。导师用自己的专业知识、人生阅历给被辅导者建议、指导与帮助。体育教练会手把手地示范动作。但这些都不是潜能教练应该做的，潜能教练要激发员工的内驱力、自主性与独立性，让他们在工作中学习、成长，让团队和组织有更多的活力。

四、无中生有的教练空间

所谓空，并非不存在，而是意味着更大存在的可能。王弼对老子的《道德经》中"天下万物生于有，有生于无"所做的解释——"有之所始，以无为本"，特别贴切。空是孕育一切的最初状态。空能包容人生的一切，也能承载起渴望、探索、期待、成果、挑战、成长。

让我们一起来了解空，产生一种新的感受与觉察。

> 此刻让自己安静下来，什么也不想，就专注于当下。想一下，此刻在你的脑海中有什么来了，又走了？就注意这些来了又走的内容，不要做任何分辨，也不要有任何思考，任由它们来了又走。你仅仅是在这空间里感受，不做任何动作，也不决定它们的来去，因为这些思绪不请自来，你无法掌控它们。如果这个时候你稍微使点劲，加入点自己的想法，那么这些内容会在你的脑中固化下来，所以索性放空，专注在当下。是不是又有新的想法进来了？你可以注意这些想法来来去去，感受变化的奥秘，接受任何可能。你的内心如同一个硕大的、透明的器皿，接受变化着的这一切。你是不是感受到一切都没有定数，生命真的很神奇、奥妙？这种空能承载住世间的一切。

教练与员工在教练对话中建立起一个"起初什么都没有"的教练空间，教练在这空间中陪伴并支持员工开掘出内在的潜能。教练空间可以根据客户的探索过程做出灵活的变化。教练以客户为中心，有意识、有能力让自己结合客户每一个当下的需要，呈现出不同的状态。在看似"无"的空间，教练有能力敏锐、直接地感知客户的变化，用稳定如山的教练状态，与客户一起对已然浮现的"有"、潜在的"有"做探索，适时回应客户给出的关键信息，灵活地把空间中不停地冒出来的想法，整理成极富深思的提问，以支持客户获得最想要的成果。

五、深入探寻无意识

卡尔·荣格（Carl Gustav Jung）认为心灵的基础包含两个部分：一个是意识域，另一个是无意识内容的总和。人格是由意识域和无意识两个部分组成。荣格在《自我与自信》一书中直言："经验清楚地告诉我们，这无意识的部分绝非无足轻重。相反，一个人最为关键的品质恰恰总是无意识的，只可被他者觉察，或者借由外力被艰难地发掘出来。"

而潜能教练深入探寻受教练者的无意识区域，觉察其中最为关键的部分，必须要有强大而稳定的教练状态来支持。无意识区域就像是一片尚未被探查、开采的矿区，那里神秘而又令人向往。教练状态一定是做好心理准备的，没有丝毫杂念的，怀着敢于探查从未来到过的区域的好奇和勇敢。这种状态并不是一次简简单单的、对话开展前的心理准备就能实现的，它是有超高难度的，当然也是衡量教练水平的一把尺子。

当然，深入探寻无意识只会出现在教练对话进展顺利的情况下。这时，潜能教练能成功来到受教练者的"能量矿区"前。值得注意的是，潜能教练务必不着急，有耐心，同时在深入过程中展现出好奇、欣赏、尊重等素养，等待着惊人的发现与收获。

第四章
身处系统又超越系统,让潜能教练心智跃迁并保持稳定

自我觉察对管理者来说意味着什么

自我觉察是潜能教练带给管理者关于自我赋能、内在成长的宝贵礼物。岗位层级越高,管理者获得来自外部的反馈就越少,因此需要自我觉察。自我觉察会带来一种经由证实的对自己的观察、理解、潜能激发,能清晰化自我认知。教练能启发并促进对方的学习、成长,原因是受教练者能产生自我觉察。自我觉察越深刻,教练对话的效果就越好。自我觉察也促成行动落实,让自主学习和成长得以在行动中发生。同时,行动计划的创造力和可持续性,也有赖于内在觉察。

一、四类觉察：四个成长台阶

自我觉察涉及精神、目标、关系与行动四个层面。在精神层面，自我觉察带来关于愿景、使命、身份、价值观等的认知，让自己身处系统之中同时能超越时间和空间以构建更宏大的系统，拓展生命以实现其与更宏大内容的连接；在目标层面，自我觉察带来新视野，完成新整合，让自己在忙碌的工作与生活中，有能力校准并清晰化短期、中期、长期目标；在关系层面，自我觉察不仅让内在禀赋、能量在关系中更加显化并聚焦，还涉及人际关系、处事逻辑等，这使自己能锁定价值观心锚，从容自主地进行选择；在行动层面，自我觉察把自己带到更有创造力和行动力的区域，让当下的行动与未来的目标、内在的价值追求紧紧地联系在一起，并保持在一条直线上不偏离。这四个层面的自我觉察，能让自己超越理性思维本身，获得身、心、脑一致的自动校准，从而给到自己持续成长的内在动力、系统视角、目标策略与持久行动力。

自我觉察有四个途径，也是学习和成长的四个台阶：

一是学习。管理者不仅要体验做潜能教练，还要体验做受教练者。管理者在起步与体验阶段，了解教练是什么而不是什么，了解并掌握教练的内在素养、系统思维和关键能力。此外，管理者作为受教练者，在教练的支持和激发下，得到关于内在觉察的全新体验。

二是练习。管理者边学边练，多找身边的员工练习，向作为受教练者的客户学习，通过自我反思、自我教练收获觉察。

三是综合应用。这需要相对持久且高频地调用能力。管理者要在管理中植入潜能教练的素养、思维，综合运用以教练状态为核心的各项能力，给自己、员工、其他管理者、团队、组织提供教练支持，在知行合一的实践中获得心智发展。

四是作为。管理者在支持员工和组织共同成长的同时，带给自己自我发现、反思、学习、迭代的觉察，在释放内在能量时更加灵活、自主，心智趋于成熟、稳定。这个阶段的自我觉察，让作为潜能教练的管理者，统观总揽，获取更多的智慧与能量。潜能教练进行深层次觉察，体验到内在、情绪层面的强烈感受，意识并体验到自己以什么样的状态存在于这个世界，而这涉及自我角色、身份、愿景、使命、价值观等深层次意念的觉察。这让管理者得以在自主、有觉察的状态下工作与生活，持续激励自我主动做出改变，展现出内在独有的品质与价值追求，同时激活员工内驱力，带动团队与组织共同成长。

二、明确身份角色，明确使命愿景

深度觉察支持自己清楚地看到自己的愿景、使命、身份与价值观，看到它们如何融入一个更大的组织系统，又如何集聚能量、分配资源、促成行动。我们开始一场充满可能性的内在探索之旅前，让自己知道：

- 我究竟是谁？

- 我愿意终身致力于什么，以真正地丰富自己的人生？
- 什么是我生命中最重要的？

同时，我们要将这些与所服务的企业、组织，乃至社会深深地连接起来。

- 组织对我的要求是什么？
- 我在这个组织中是一个什么样的角色？
- 我如何更好地服务组织？
- 我将通过自己的努力为组织做出什么样的贡献？
- 我如何在工作与生活中，真正地展现出自己的原则与定力？
- 有哪些是我与组织不一致的地方？如何调适自己？
- 如何尽可能地实现人生的整体性平衡？

这一系列问题推动我们慢慢激活潜意识，展开内在智慧的探索与挖掘，并了解到自身与组织各个方面的关系。愿景、使命、身份与价值观清晰度越持续提升，越能增加勇气、智慧与谋略，支持我们在任何时候，都能以它们来引领我们的决策，并且清晰度越高，产生的行动承诺度越高。

我们探索它们，不仅表现为描述性的一段话或一组词，还表现为在脑海里建立起一个画面，这个画面对内心产生冲击，并与未来有强烈关联。

每个人都有来到这个世界的目的。使命从人的内心生发，超越自我，并与更多个体、更大系统相关联，是关于人在更大的系统中如何服务、贡献生命的回答。当人能明确自己的使命，建立起自身行为、身份、目标与更大的系统的联系时，就唤醒了沉睡的热情与驱动力，有力地支持愿景达成。这个让人的内在与更大的系统建立联系的点，就是人的内核。它是一个人最核心的价值观，即关于什么是最重要的。人的热情和驱动力，都是从这个核心价值观中生发出来的，与使命连接，形成源源不断的创意。

人的独特性背后就是价值观的差异性。我们中有多少人知道自己的独特禀赋？又有多少人清楚自己内心的价值追求？很多人终其一生都不知道自己这一生为何而来，很多人从来都不知道自己最在意的是什么。当然也有人很早就听到了自己内心的声音，知道什么对自己来说是最重要的，并充满热情地践行。那些不平凡的人总有激情与冲动想做成一件事情，他们听到了内心的召唤，清晰化使命，调用自身的热情、能力、资源并持续投入。没有内心冲动做出来的东西，打动不了自己，自然也打动不了别人。

很显然，如果组织庞大且人员众多，并非每个人的天赋都能被系统及时识别，那么管理者需要自主探寻，找到让自己充满内驱力和激情的事情，在成事中成就自我。管理者探索使命，需要在不同主题的对话和场景中，反复探索、校验，让使命得以不断清晰化并强化。

- 你真正的使命是什么？
- 什么是你非做不可的事情？
- 什么是你最在意的？为什么它对你来说这么重要？

- 有什么内在品质是你无论如何都不会放弃的?
- 你最想给这个世界留下的是什么?
- 退休后,你最希望给这个团队留下什么?
- 做成什么事是令你感觉此生无憾的?
- 有什么事是你总是忍不住想要做成的?
- 你赋予自己的管理岗位什么样的意义?
- 带着这个团队一路领先对你来说意味着什么?
- 创造一个高绩效团队能为你带来什么?为企业带来什么?

对于那些反复思量后仍觉得非做不可的事情,你若发现其中存在阻碍前行的关卡,就需要耐心探寻。

- 什么在阻碍着你?
- 有了什么就能继续前进?
- 哪些是你能主动作为的?
- 哪些方面有突破的话,会让整体工作向前一步?

在组织方面,成为潜能教练是一个过程,但有一个超越自身的、关于组织系统的价值与意义在引领,会让人志存高远,自我驱动。管理者不只为自己的存在价值而工作,更会为组织的存在价值而工作。这要求能接纳过程中的不完美,并始终对认准的目标表现出足够的韧性、恒心和行动力,能迎接挑战,也能面对挫折。

三、觉察盲点偏见,触动持续转变

外力能发挥的作用微小,最强大的力量来自内在觉悟。哪怕是很小的一点觉察，都能带来触动和转变。盲点觉察尤为珍贵。成为潜能教练的管理者既能看到自身优势与禀赋，又能经由觉察，看到在自我认知方面的视野缺失，这涉及受人生经历影响的可能存在的认知偏见、限制自我成长的内在信念等。

管理者看到自己的禀赋在发挥作用时，会充满更多的能量，对未来有更多的憧憬。而当看到自身的盲点时，他会停顿、沉默下来。管理者需要为这份宝贵的觉察留出空间，使自己在那个当下，产生更多的接纳、包容、理解，开始学习接纳自己的不完美。当管理者能真实地接受一个不完美的自己，与自己的"不完美"共处时，内心觉察的力量就慢慢地长了出来。管理者会做出承诺，制订出改变的行动计划，设计一套体系来持续地支持改变，使其领航自己的人生。

在教练语系中，"看到"并不只是指字面意思，真正的"看到"是深层次的觉察，是会产生一种不同以往的认识，它是要调用"内在视觉系统"的，有画面感，有能量迸发的冲动。但盲点觉察尤为特殊，盲点觉察要求更高，刺激性更强，挑战性更高。原因是盲点觉察针对的是"不完美"之处，它要求要对漏洞、关键部位做审视，而这有更强的冲击力，有更刺激人的画面感。

觉察盲点可以在一次完整的教练对话或自我教练中发生，也可以在日常工作场景里发生。当管理者觉察到有些事情的发生会让自己感到不舒服的时候，这会让自己转换视角，整体地俯视并观察眼前的一切，留意眼前的人和事，然后让自己慢慢地整合，同时产生觉察，找到自己的"所谓何图"。

四、锚定核心价值，实现心智成长

所有的自我实现，都源自人的自主性、自觉力、自决力，并引发由内而外的成长性突破，最终都指向自我价值如何服务和奉献于更多的人、更大的系统。这种由内而外的成长性突破又来自自我意识的层级提升。自我意识的能力是无可限量的潜能，一旦被发掘了，就会涌现出来，让人更富有主动性、创造性，从而拥有一股持续稳定的成长力量。管理者通过自我觉察，自主开发这种潜能，从内在探索开始，使心智得到持续成长，有意识、有能量、有能力在利他的行动中实现自我价值。这才是真正的潜能教练之心。

我们需要在意识到自己具备自我意识并觉察的基础上，学会驾驭自己的意识，向习以为常的"自动驾驶模式"告别。我们要跳出固有的思维模式、行动模式，稳住核心价值的心锚，保持稳定的定力，与此同时，在一个更高、更宽广的系统层面去看待并处理自己与环境的关系，不再让现有客观条件成为停止推动目标达成的"借口"，而是在内心坚守心锚，挑战局限，收获更加富有创造性的解决方案。

探索自我价值观是自我觉察的开始，因为价值观让自我意识得以清晰。我们表达和陈述思想的最佳和最终形式事实上就是经由价值观的，是价值观拨云般地让每一个人认清自己的独特个性，知道什么才是值得去做的事。价值观可以是一个字、一个词，比如爱、成长，也可以是一个短语，比如终身学习。每一个人的行为在与自己的价值观建立联系的时候，内心都会持续产生能量，外在表现是语音、语调也会不由自主地发生变化。

有很多关于探索自我价值观的方法：
- 回想自己在工作和生活中的巅峰时刻，那一刻什么是真正重要的？
- 你最希望自己的好朋友身上有什么品质？
- 不管如何，你绝对会遵循的价值观是什么？
- 在你敬仰的人身上，你最敬佩的品质是什么？
- 假如你走到生命的终点，你希望他人如何评价你？
- 你感受到最大的快乐和满足是因为什么？
- 这件事情对你的重要性体现在哪里？
- 如果让你在所有你认为重要的价值观中做减法，最终你会留下哪三个？

这些简单的提问帮助我们去找寻那些对自己来说重要的价值追求。当知道每一天的所作所为与自己的价值观有联系的时候，我们就会感受到工作和活着的真正意义。

除此以外，我们还要探寻核心价值观，并始终如一地践行核心价值观。人的核心价值观一般就只有三四个，探寻核心价值观是对所有自认为重要的价值观不断地进行检验、整合、定型并最终锚定的过程。对自我价值观的整合可以通过现实体验来实现，用自己的独特体验去界定和感受价值观的真正内涵，比如学习、成长、智慧、坚定等，以支持自己看到更高远的未来，但同时留意这些价值观如何成为自己的力量，支持自己变成想要真正成为的那个样子。这样的内在体验，需要留出足够空间与信任给自己，以促成内在对话，从而让探索的价值观整合。然后，我们要体验整合后的那个价值观如何与内心力量建立联系，并尝试去真正地了解它。这时，我们第一次探索到了内心最有力量、最值得信任的那个内核——核心价值观。

整合后的价值观，是我们的核心价值观。我们会发现，如果把这个核心价值观词汇与其他之前认为重要的价值观词汇放在一起，让我们选择，我们会毫不犹豫地选择核心价值观词汇，并且能感受到要去践行核心价值观的冲动。

找到核心价值观，并不是一件容易的事情。很多人终其一生都不知道自己真正想要的是什么，以及什么是最重要的，或许他们从来没有想过这个问题。也有人在一次探索整合后，在经事考验后，依然感觉模糊或不确定。这其实是在检验核心价值观是否清晰，并在实践中再次探寻，最终找到能经得起检验的核心价值观。潜能激发来自自我觉察、自我唤醒、自我锚定，并总结反思中形成的新意识和新认知。这份新的觉察、认知与所面对的新环境、新任务，有较高的匹配度，更富有创意，能更主动地帮助自己找到突破的新路径。

此刻的潜能激发，既涉及觉察面对外部变化时的自我局限，又涉及整体地看到自己，不再妄自尊大，也不必妄自菲薄。我们要始终锚定内在核心价值，知道什么是最重要的，清楚地意识到自己在"为什么而为，又如何调整所为"。所有这一切，既能通过管理者自我教练开展，也可通过潜能教练为管理者提供教练支持开展，在认识性总结、反思性学习、知行合一中实现。

俗话说：人贵自知。我们对"自知"的持续探索，拓展了成长空间，激发自我潜能，完成内在心智的成长，也完成对人生价值、目标意义的终极探索及锁定，让我们在可能的诱惑和选择面前，始终能锚定自己的核心价值观。

五、知行合一突破，自我教练激发

（一）自问自答式的激发

管理者想要成为潜能教练，要先教练自己再教练他人。笔者的一段职场经历是作为体制内的创新创业者，我在没有做好充分准备，没有提前被告知任何信息的情况下，突然被安排到一个相对陌生的专业领域，组建一支新团队，履行一项新任务，这让我对"挑战"有了非常直观而具体的体验。与在一个相对固定的框架内，每个月开同样的会，提交同样性质的报告相比，去到一个令自己倍感陌生甚至有点紧张，还略有好奇的环境中，面临的挑战、要处理的各种关系、要达成的工作任务，是非常不一样的。

如果有人问我，作为一名创新创业团队的负责人，我觉得自己要突破的最大障碍是什么？我的回答非常清楚：要想清楚自己从哪里来？到哪里去？自己将成为谁？什么是最重要的？自己的职责与任务是什么？并且，自己要把对这些问题的理解，清清楚楚、反反复复地与团队分享。当然，我在自己回答自己提出的问题的同时，也不断地把问题抛给团队的成员。在带领团队的每一天、每一个行为中，我都把这份自我认知准确地传递给团队中的每一个人，以及组织中的其他主要利益相关者。也许他们不能当下就把问题回答清楚，但是他们只要记住了问题，就会让问题启发他们去做主动、积极的探索。在团队管理中我还发现，那些自己有意愿、有能力提出问题并能回答问题的人，比那些从来不思考问题，或者只是提问题而不解决问题的人，有更多的主动性、积极性与创造力。

那段岁月，自我教练陪伴着我。我习惯自己问自己很多问题，对此不做特定的安排，但总是会有一些引人深思的问题，在清晨刷牙的时候，在开车上班的路上，在走去食堂的路上，甚至在发呆、发愁的时候，不由自主地冒出来。我喜欢这些来到身边的问题，并把这些问题视作人生道路上的礼物。在接受了礼物后，我会把自己的思考与体悟整理出来，与"自己"开展一场诚实的对话。

（二）书写的自我教练

有人说，写作是面对自己的禅修。通过书写的方式，与自己对话，也是一种非常有效的自我塑造方式。通过书写来支持自我陈述和表达，彰显内在的价值追求，看到真实的内在世界。

以下"我们共同努力的锐度与速度"，是笔者自我教练时写的一封信。

我们共同努力的锐度与速度

大家好！

4月28日，我们项目组开例会时，我跟大家分享了自己对体制内创业型研发团队学习、成长的一点想法。当时我看到，L记的是图形，Y记的是关键词，W始终在敲键盘，我没有观察到X。L让我写出来，我答应了（L总是用友好的方式驱动着我做总结与反思）。以下内容来自我日常对我们团队在实现目标、追求卓越的过程中的自我反省、对大家的观察、对环境的感受。"如鱼饮水，冷暖自知"，我很想把一点心得分享给大家。

我们是一支受命于变革之际的团队。2013年12月30日，当我花费很大精力，最终完成一次关于创新人才培养的对话的时候，我没有想到，接下来我和我的团队竟会遇上这么大的调整与变化。2014年1月13日，当我们四人小组出发做调研，在出租车上啃汉堡包的时候，文件出台了。当我们把一天当成三天用的时候，我们接到了人事变动通知。

2014年3月1日，我们迎来了思维独特的A；4月8日，我们迎来了极具逆袭张力的Z。6人团队正式形成。

我一直在问自己三个问题：我们将去哪里？我们将做出什么？我将怎样对大家负责？很多时候，我都用自我教练的方式，在内心里与自己对话。甚至在我锻炼、开车上下班的路上，我都会问自己这样的问题。

思考是最有力量的。一天，我突然想明白了，"我们将去哪里""我们将做出什么"这两个问题都取决于"我们将成为怎样的人"。而我的责任就是帮助大家成为想成为的人。我希望大家能抓住有利而短暂的时间窗口，做一名聚焦移动互联网领域，具有独立思考能力，能帮助企业解决实际问题的人才发展专家。说得直白些就是会做、会说、会写、会来事的移动互联网人才发展专家。

想要成为这样的专家，有两个方面值得我们好好琢磨并努力践行。

一是锐度。

我为什么要用"锐度"这个词而不用"专业"或"深度"这样的词？因为我觉得只有"锐"，才能体现这个特定体制、特定任务、特定环境下的成长要求。

这个锐度包括两层含义。

第一层是尖锐，指的是你的专业思考能力要有冲击力，独到而新颖。它既要有体系层面的思考，也要有想象空间；既要能结构性表达，还要能精准下定义。我们自认为是专业的人，专业究竟应该如何体现？它体现为一种独特的思维能力，因为思维是一切行为与结果的本质。

这种思维特质的第一个要求是体系性思考。它表现为你在思考任何一个问题、落实任何一项工作时，都要跳出局部看整体。我们可以把它理解为一块拼图，每个人不仅要拼好某一部分，还要逐步拼出整体的拼图。我们不局限于事情本身，还要考虑事情之外的其他内容。

这种思维特质的第二个要求是想象空间。想象空间对创新人才培养来说，尤其重要。某次做迪士尼策略引导的时候，一位处长的话给我很深的启发："我原来做事之前，总是先想困难与障碍，结果就是越想越限制自己，很快连干的劲头都没有了。如果我用这样的方法思考，很多事情就不是这么玩的了。"我们总是不自觉地在现有框架、既成事实中思考，不敢也没有养成去畅想的习惯。这是惯于接受流程与规范约束的思维常态。记得我曾经发给大家一封邮件，内容是："我越来越感觉到，我们突破自身的障碍在于新内容领域与新运营模式下的思维方式突变、思维能力提升、自我否定精神。

这种思维特质的第三个要求是外化的专业表达。我们目前能够表达、需要表达的机会很多。我希望大家能把每一次表达都当成一次学用相长的操练。但你的表达一定要有总体的结构化呈现。你不要想到哪里说哪里，就像报流水账，没有结构，更没有重点。假如你的语言寡淡，语气、语调展现不出来，那么对听的人来说，将是一种怎样的折磨？我们在表达时，遣词造句务求精准，每一个概念、定义都是清晰的，确保不会产生歧义。

第二层是敏锐。它包括感知需求、感知变化、精准判断、资源环绕四个方面。我们这个团队由于有较强的业务背景，所以理解业务需求的能力很强，但是这还不够。真正有话语权的专业人员，既能从战略高度出发俯视整体，又能从实际出发思考战略，对于需求的判断十分敏感。一触及战略新要求，他就能判断人才培养的新需求；一接触群体，他就能提取共性内容以进行整体策划与分析。感知变化既有我们所处的通信行业、互联网行业的变化，还有培训业、人力资源行业的变化，并且我们要把这种变化感知体现在人才培养模式、技术与手段的创新上。精准判断与感知需求、感知变化相关联,先有感知再有判断。而判断是行动的基础,基本没有判断或是判断出错,行动可能出错、延误,后果严重。还有就是很重要的资源意识。辨识资源、操盘资源是我们每一个人必须要有的基本能力。你要让所接触到的很多原本不是资源的资源,都会成为可用的资源,这就达到资源环绕的效果。

二是速度。

经常研究互联网标杆企业的我们太知道速度对于互联网企业意味着什么。速度包括项目速度、学习速度与驾驭速度三个方面。

首先是项目速度。年初我们向学院提交了项目任务书。在此之前,院领导在人手如此紧张的情况下,专门组建一个项目组,专注于创新人才的培养,这可以看出决心是很大的,期望值也是比较高的。因此,项目任务书上的书面承诺,是我们的基本目标。围绕这个目标,每个人主动报名,担任子项目经理,独立负责某个专业板块的任务。而要成为一名合格的项目经理,项目速度是基本条件。对于各自负责的板块,每个人的目标要清晰。这是速度的前提。时间要具体,要明确什么任务在什么时间前完成,要有严格的时间管理要求。我们原先就有项目周报,4月份又新增了项目月报,对每个月的工作重点的描述要求:聚焦某个项目要做的几件事情,完成时间点是什么时候,交付的内容是什么。我们一定要用结果衡量,必须倒逼,要展现出被目标倒逼着争分夺秒的一面。

其次是学习速度。速度会影响我们的能力。或许人的学习能力有强有弱,但是一定要保持一定的学习速度。你可以问自己几个问题：我要多长时间来成长？我学习聚焦在哪个领域？我有自己的学习计划吗？我是不是需要为自己设计学习路径呢？如果有这样的目标倒逼，是不是学习速度就提高了？学习速度还在于专注与专业。在学习中，我们要注意抓重点，弱水三千取一瓢饮，专注才能成为专家。在某个领域，我们持续研究并实践3~5年，就会有基本的专业功底了。对于如何培养创新人才、移动互联网人才，我们都是从零开始的学习者，都在同一条起跑线上，都在工作中成长。但最终的成果事实上取决于我们自己的学习速度。看谁跑得快，看谁学习速度快！

最后是驾驭速度。我还经常问一个问题：每一个人分别需要多长的时间才能独立驾驭？我这里说的独立驾驭是有很高要求的，与独立担当不一样。这是一件有点复杂的事情，关系着我们如何通过影响上级、利益相关者、合作伙伴、环境，来共同营造一种气场与氛围，确保事情朝着理想的方向迈进。小事情小驾驭，大事情大驾驭。提高驾驭速度，说直白些就是要能来事、真正干成事。

这是我的一些心里话分享给大家。

祝大家端午安康！

简

2014年5月30日

自我突破提升能级，价值观引领决策

我们每天都要做出大小不同的决策，大到决定"做正确的事"，小到决定"如何把事情做正确"。每一个选择都是人在特定的时间点对价值追求和自我探索的平衡。它既有当下与未来的平衡、现实与理想的平衡，也有理性与情感的平衡。这些决策既需要我们超越现实的局限，从而拓展决策考量系统，也需要超越自我的局限，从而实现合作共创，更需要我们实现意识升级，才能在各种选择题来到面前时，我们都能以价值观作为判断标准来做出统合综效的决策。

一、转换视角，拓展决策考量系统

工作需要我们有意识地转换视角，与持有不同意见的人做信息交换，通过合作创造性地综合多种因素来进行决策，解决主要问题，并兼顾不同利益诉求以达成目标。最合适的决策总是能凝聚各方智慧，获得多边力量，经得起时间的检验。

"假如"框架是潜能教练兼顾多方利益与诉求时使用的神奇武器，可以提高决策的系统性、全局性和前瞻性，让潜能教练拥有利益相关方、时间、系统三个方面的视角，以拓展决策的考量维度。

潜能教练要大胆、有创意地使用"假如"框架，听客户、合作伙伴、所有利益相关方的声音。

- 假如客户能表达意见，他们会要求什么？

- 假如我是这个部门的负责人,什么是我最想要的?
- 假如合作伙伴有期待,会提出什么要求?
- 假如战略能开口说话,它给我最重要的提示是什么?

这些提问有利于视角转变,对决策非常有用。

决策的考量也需要放在特定的时空中进行。小到一个项目,大到规划或战略布局,时空的考量都不可或缺。我们要超越时间和空间的限制,从未来看现状,进行前瞻性与系统性思考。

- 这个项目如果运营2~3年,最核心的价值会是什么?
- 从5年后看现在,什么是现在就必须开始改变的?
- 假如时间的指针拨到了两年以后,那个时候的整体战略视图是什么样的?
- 假如我此刻是站在更远的未来,对今天的决策会提出什么建议?

我们不妨用画家的调色盘来指代一个可视化的决策考量系统。如果中间的主色盘是我们自己,旁边的各个小调色盘代表着来自客户、合作伙伴、高层、行业、员工等不同层面的意见,那么我们可以知道他人是如何看待这件事情的,可能有什么样的期待。

- 假如我是投资者,对此会有什么想法?
- 自己内心此刻最响亮的声音是什么?
- 假如在最响亮的声音之外还有些杂音,那可能代表着什么?
- 客户最期待我们提供什么样的服务?

"内主外连"让我们更好地把握好视角的切换。首先是"内主"——倾听自己内心的声音。它代表着我们的定位、价值主张和决策原则，只有找到它们才能创造合作，否则会走偏。其次是"外连"——相关的声音都需要纳入决策系统。在进行全方位聆听的时候，可能"听"不到客户和行业的声音，但重要的是觉察到这一点后，就会主动创造机会，深入调研学习，完善系统，以更好地支持决策。

有了不同信息的整合，就能有一个更加立体的觉察，使此时的决策超越了逻辑脑的推理、演绎、归纳等思考方式，有利于设定更加系统、长远、具有创意的目标，并能结合理性与直觉，做出符合实际，又关乎未来愿景的判断。

二、整体聆听，突破认知局限

对决策而言没有比自以为是、因循守旧更大的隐患了。

管理者要刻意培养整体聆听的能力，打开自我认知的通道，突破信息和经验的局限，让直觉和创意在聆听中涌现，以超越原有思维系统，从而富有创造性地构建合作共赢的局面。

除收集并分析政策法规、研究资料、方案等信息以外，会议或实地调研是常见的收集数据的方式。管理者要学会在进程或互动中保持整体聆听，以吸收更多的智慧。尽管刚开始的聆听难免是"有选择性地听"，因为习惯、经验以及角色感会让人不由自主地在收集信息之前，心中就有一个初步的想法，并且期待事情能按照自己所设想的开展，所以人会很自然地在聆听与判断间来回切换。你可能看上去在听，而实际上是在思考接下来如何表达自己的观点，这使你可能无法理解受教练者的真实意图，不知不觉带入自己的意见。这样的聆听模式使你在信息与观点之间做比较、分析与判断，同时忍不住要插话，甚至与对方发生争执。

事实上，我们都知道，对创造性解决方案最有价值的是分歧。分歧意味着不同角度的思考，是真正理解现状的基础，有利于最后做综合性、系统性决策。管理者要基于分歧，接收多维信息，并使其整合以形成宏大长远、符合组织整体要求的最优解决方案。

管理者要刻意调整自我状态，投入讲话人的表述语境，去感知对方，并在此过程中不断地理解和整合对方提供的信息，然后就对方没有提出或未曾注意的内容进行直接提问或反馈，从而丰富信息。那个讲话的人也许是员工，也许是合作方，还有可能是客户，不管是谁，整体聆听能帮助你与他人构建合作关系，获取多维度的信息。我们需要重视并能理解不同人的心理、情绪与智能，以及他们所看到的、表达出来的对世界的不同认识与看法。对此，我们基于理解到的信息所展开的问询是合作式的，我们还可以把进程中的自我理解和觉察反馈给对方，以确保理解能准确且完整，使得沟通变得高效。

不同的员工自然带有不同的立场，每一个员工都有自身的考虑，关键在于管理者要从"你、我、他"的定位冲突中抽离出来，把自己提升到能统摄并俯视"你、我、他"三者的高度。

如果能做到这样，你就突破了"站位"的局限，能从全局的角度，做出有益于各方的决定。

三、激发好奇，超越系统，意识升级

人生的独木桥

我们应该都有走独木桥的经历吧？你与几位好友一起去一个陌生的，甚至语言不通的地方，而在前行的路上，开了1个多小时的车也看不到一辆车，同行的队友不断地问："这条路对吗？"主驾驶一边开车，一边凝神屏息，因为路实在是太窄了，还需要不停地转弯。此外，导航系统根本就收不到信号。路变得越来越窄，突然间横在你们面前的是一座目测宽度刚好能容下车的独木桥，你会选择怎么前行？

探索的好奇，支持着你朝着目的地的方向一路前进。车子经过狭窄的只能容下四个轮子的独木桥，然后转过超过90度的弯，直到车子再也不能往前开了。突然间，一道白光闪现，你才知道来到了山角下。

那时，你看着一座座山脉，那不是你曾经在网页上看到的风景，你看到的是各种颜色层层叠叠铺开的、静悄悄的山背。你听着山顶的雪水流淌下来，注入眼前溪流的声音，你置身其中，想到每一个人爬山的过程、见到的山，都是不同的。在山顶见到的山，与在半山腰见到的山不同；在山的阳面见

到的风景与在山的阴面见到的风景也不同。

这份经历带给你的感悟是什么？假如人生中必然要过这样的独木桥，你会怎么选择？如果探索就是你的目标，你要怎样才能见到这座"山"呢？这个时候，冒出来的好奇心能引发洞见，帮你实现意识升级。

在潜能教练自我探索的旅程中，这样的情况时常发生，但这往往意味着峰回路转。我们走上了一条从未走过的路，迈过了必须迈过的"独木桥"，来到了目的地，见了从未见过的风景。"假如人生路上就有这样的独木桥在等着你，你如何选择？"你要允许自己发自内心地好奇，选择探索方向后再前行，去面对这座"独木桥"。只有这样，才可能超越系统，实现意识升级。

决定一个人意识层级的，从来不是岗位层级。不经过外在环境（含各种关系）的冲击和内在自我觉察的产生，大多数人会在常规的轨道或模式中周而复始地运行。而只有意识层级与认知能力在与环境的互动中有了螺旋式上升，内在潜能才可能得以逐层激活并释放。

被僵局困住、被问题卡住，需要爬坡过坎、勇闯独木桥，这是职场上常有的事情。我们对此抱持开放和好奇：

- 假如生命就是一部由自己指导、主演的影片，我会如何以最好的方式应对外在的挑战？
- 假如我可以冒险，那么让自己突破困境的一小步可能是什么？

- 假如我就是电影里的主人公，那么我要在哪一个系统层面做改变才能应对当前的僵局？

潜能教练要选择相信自己，激发好奇心，从习以为常的判断和理解模式中走出来，对新事物不仅要感兴趣，还要学会从不同的角度去观察它，以提高敏锐度，拥抱智慧。这要求潜能教练的思维系统保持好奇和开放，始终处于海绵般的状态，既能兼收并蓄，又强有力地"影响"外界。潜能教练在常规思维中换框，从一个系统转化到另一个系统；从常规路径中走出来，使用一种不一样的自我探索和求证路径。

潜能教练熟练自如地进行多视角探索：
- 我知道此刻自己干的是什么？
- 应该怎么调整会更好？
- 要抓住哪一个关键点去突破？
- 一旦突破关键点，可能会有一个什么样的新系统会构建起来？
- 这个关键点与我发挥作用、践行使命、带领团队有什么样的关系？

在那时，行动承诺自然而然地涌现，也建立起自身使命与更大系统的联系，会产生迫不及待想要行动的冲劲。此刻，你可以充满好奇而坚定地追问下去：
- 我如何确保这个行动计划的落实？
- 会有哪些困难或挑战？怎么面对？

跳出框架、超越系统，还需要适度冒险、胆大心细。潜能教练基于对可能存在的风险与挑战的准确预判，做出必要的冒险。冒险并非不顾一切，但它犹如跃入水中之前的从跳板上纵身起跳，是我们需要迈出的第一步。冒险之前的直觉和内心的冲动会带来叩击内心的力量。你会问：

- 假如可以不顾一切，还可以做点什么？
- 人生需要有那么一点冒险精神，那么在推进这个产品的运营过程中，增加什么会让它更富有创意？
- 假如我是一个新手，会允许自己创造些什么？
- 总觉得还有力量没有释放，我在顾虑些什么呢？
- 我能接受的最坏结果是什么？

四、价值观越清晰，决策越有一致性

所有的决策背后都是价值观。经历了深度觉察带来的价值观探索，潜能教练对"什么最重要"已有清晰的认知，随后就能沿着目标的方向对每一项决策投入资源、专注度，让行动举措都能持续聚焦在最重要的价值上而不偏离。价值观越清晰，决策越有一致性，行动也越能持续，也越有利于成果的达成。

用眼睛看到的是现象，用心才能看到本质，价值观让我们把自己看清楚、把问题的本质看清楚，并做出改变的决定与计划。让价值观支持你做决策，也就是让"什么最重要"帮助你做决策。这个方法无论是用于潜能教练的自我成长，还是用于组织目标的达成，都同样有效。

比如，你想要成为一名潜能教练，就需要问问自己：成为潜能教练为什么这么重要？渴望在这趟自我赋能的旅程中收获什么？也许学习、成长、创造、服务等价值观，指引你踏上学习的旅程，并且取得一点进展。接着，日常繁忙的工作又让你在不知不觉中偏离了设定好的轨道，日常琐事悄无声息地把你打回原形，使你又陷入固有思维和管理模式。这个时候，你不妨为自己的成长探索旅程做中途核验，问问自己：

- 我怎么让自己活出想要的状态？
- 如何将我想要的与日常工作结合？
- 如何让自己重回正轨？
- 从2~3年后回看，我可以制订一份什么样的计划以支持自己成为潜能教练？

价值观让我们知道"什么是重要的"，价值观的清晰指引可以驱动我们有意识地做选择和判断。

而在面对组织目标与任务而做决策时，我们同样受价值观的引领与支配，并且价值观会告诉我们为什么要这样做决策，以及如何决策才是更好的应对之道。

比如，组织提出了新目标，要求拓展业务空间以实现业绩增长。对于管理者来说，他需要问问自己：实现这个目标对组织发展究竟意味着什么？他不能仅停留在被告知的信息层面去理解目标的意义，还需结合实际去自我探索，从而思考清楚，得出答案。管理者需要诚实地问自己：达成组织设定的目标，对自己而言意味着什么？这是管理者在个人价值与组织目标之间建立联系的必要思考。每个人都需要在个人价值与组织目标之间建立联系，因为失去联系就如同一棵树失去了根系，会失去归属感和贡献倾向。不管怎样，蕴含其中的内在价值就是价值导向。在达成新目标的进程中，管理者还需支持队伍有新的成长，而这需要思考：

- 这样做对目标达成而言是最合适的决定吗？
- 对队伍成长有什么样的支持？
- 怎样才能把事做成，又让队伍成长？
- 目标达成和队伍成长的结果应该是什么？

此刻，业绩增长与队伍成长是一体两面，管理者在明确工作目标、分配工作任务时，带着队伍成长的意图，支持员工成长。组织的战略定力来自目标定力，管理者的内在定力决定了目标执行的坚韧性和可持续性，而内在定力源自对"什么最重要""什么是真正想要的""什么是自己擅长的""追求的价值与意义是什么"等问题的回答。管理者心中的答案越明确，越能产生判断标准，并能在整体中把握主次顺序。从价值观出发的决策，前后连贯且不会发生动摇，使得实现组织目标既有战略定力，也有策略的灵活性和执行的持续性，并使其持续朝目标前进。

最终管理者会明白，对于所有的决策而言，与外在的标准答案相比，内心所认定的答案会让自己更加明确而坚定。如果总是在寻找外在的标准答案，或许意味着管理者从未调用过内在力量。一旦外在评价标准与管理者的内在无法连接，或与价值观不合拍，管理者就可能进入被动执行的状态，感受不到持续的力量，本能地产生抵触或抗拒情绪，从而失去工作的意义感，并严重影响其所带领的团队。

真实地面对自己，才能理解并支持他人

真实地面对自己，并非通常意义上的表里如一、说到做到，还意味着我们如实地观察、接纳、允许自己。这意味着我们做好了准备，富有勇气地开启心智成长之旅，并在旅程中接受真实的自己，无须任何装点和粉饰。我们在心智成长、跃迁之路上，有"真我"才有"自觉"，才能"觉"他并"利"他。先处理好与自己的关系，才能处理好与他人的关系。

一、接纳自己：身、心、灵和谐一致的自信

接纳自己并不是一件容易的事情。对自我的接纳并非时下流行的"躺平"或"滑水"，而是有勇气和智慧地看待自我的存在，真实地做自己，探寻愿景、使命与目标。这要求我们知道自己擅长的和有优势的是什么，也知道自己的局限和可能的盲点会有哪些，知道自己做错了什么、做对了什么。对自己的了解，不是教科书告诉你的，也不是来自一份测评报告，是在成为潜能教练的路上，自己教会自己的。你要形成觉察和反思的习惯，理解自己，守持人格定力，确定那些让你更加自信的学习方式和存在方式，找到自己可以做出调整和转换的方面，并自我更新。

（一）自我觉察和反思

对于每天的自我觉察和反思，最简单的方法就是使用逻辑层次，只花5分钟就能完成一次自我扫描。

关于逻辑层次的自我觉察和反思：
- 关于何时、何地的环境层：脑海中会马上浮现出一天的几个重要工作场景。
- 关于做什么的行为层：会马上留意到在这些场景中自己都做了什么、说了什么。

（这两个层面的自我觉察和反思，有时候会组成一组画面一起出现：在什么场景下，自己做了什么，又说了什么。）

- 接着是关于"如何"的能力、资源层：会留意到自己能力的发挥、判断的思路、策略以及与他人开展互动的过程，留意到值得自我嘉许的方面，也能感受到有些违和的部分。
- 关于"为什么对你而言重要"的价值观层：会留意到做什么符合自己的价值诉求，做什么与自己的价值观不符，以及自己需要做出什么样的调整。

在愿景和使命的映照下，你再次确认什么是自己需要守持的，什么是需要调整或改变的。如果你在意的一段关系被自己在无意间破坏了，你会主动去修复；如果你带领的团队在执行中被卡住了，你会有新的策略和办法来推进；如果工作进展得很顺利，你会留意到还有哪些方面可以做得更好。

在自我觉察和反思中，你要接纳自己的不完美。谁能是一个十全十美的人呢？正如光与影相伴一样，我们所渴求的自我实现都是超越现状的存在。自我觉察和反思的意义在于，我们主导了自我意识的成长，守住价值的底线和人类最高尚的动机——超越自我，服务他人。

（二）为自己选择教练

每一名潜能教练都有自己的教练。我们对自己的接纳和主动转化，可以发生在自我教练、自我觉察中，也可以通过成为受教练者而发生。以下"专业把关的苦恼"是一个很典型的案例。现实中，你也可通过自我教练，自问自答地开启自我探索，形成觉察、洞见。

专业把关的苦恼

一位新晋管理者负责一家公司的财务管理。在专业上，她非常厉害，尽管部门员工加班加点是常有的事，但她总是最后一个离开办公室。但是，在年底开会的时候，同事们提出的意见是：她的工作要求太高了，在她面前从来没有感觉自己的工作有成就感。而她认为，财务工作是非常专业的事情，根本不能出一点问题，自己好心好意地帮他们把关，怎么到最后还没得到认可。

教练：听起来这件事情让你有点苦恼，那我们今天探讨这个困扰你的问题，你想得到什么样的结果呢？

管理者：我不知道自己还能做什么，或者说该怎么做，毕竟我很在乎我的团队成员对我的看法。

教练：那你希望你的团队成员怎么看你呢？

管理者：我希望他们能理解我的苦心，我也希望通过自己的专业把他们带得更加专业。

教练：哦，看来你那么认真地把关，是希望让他们更加专业。

管理者：嗯，是的，还是你比较了解我。

教练：如果你是员工，你希望你的直线经理如何帮助你提高专业水平呢？

管理者：我希望他能直接告诉我目前我的专业水平怎样，要在哪些方面提升，为此会安排哪些工作任务给我，而在这些工作任务中，哪些是我完全能胜任的，哪些方面是要注意的。

（说到这里，她突然停住了，沉默了一会儿。）

管理者：教练，我发现我只是在事后检查，帮他们"改作业"，并没有对他们做深入沟通。我应该事先带着工作目标和质量要求和他们沟通，然后有针对性地指出问题，让他们在工作中有意识、有目标地对待自己。

教练：听起来你自己找到办法了？

管理者：是的（笑了）。

教练：这给你什么启示呢？

管理者：平时总说管理要换位思考，看来我的换位思考要真正落地，才能让我的团队成员有成就感。

二、理解他人：去掉面具，在"不舒服"中学习

接纳自己"不需要什么都懂，并非什么都对"的一面的管理者，就能看到同事、员工也可能处在"证明自己是对的，证明自己很懂"的模式中。这时，你就要放下之前在工作布置、沟通中要证明自己的一面，转而去倾听、理解他人所表述的内容，以及没有通过语言传达的信息。一旦有了这份觉察，你就会有新的状态和行为，快速建立起与员工之间的联系。

这就是越能理解他人，越能放过自己。这能让管理者不仅学会了与自己相处，还学会了在纷繁尘世中与环境相处、与他人相处，有智慧地应对外在评价与冲突及其带给自己的情绪纷扰。

理解他人同时要直面冲突。很多人因为害怕冲突而选择逃避。潜能教练要在工作冲突中学习如何更完整地理解他人，同时相信自己、磨炼自己、转化自己。理解他人并非一味地迎合，而是吸纳不同的观点，求同存异。理解他人也并非委屈自己，而是为了共同的目标，在策略上灵活自主地妥协和折中。妥协是用双方都接受的方式来达成目标，而不是认为自己的方式才是正确的。所有目标的达成，并非只有一个解决方案，而是需要结合事实，集合各方智慧、平衡多方利益。与单纯地放弃沟通，选择"妥协"相比，潜能教练会有觉察地妥协，后者更利于理解他人，更能理解自己。

在解决冲突的过程中，我们要学会处理自己身上的各种情绪，而

这最好的方法就是观息：缓缓地吸气、呼气，在一呼一吸间有意识地觉察冒出来的情绪，感觉一下情绪如何影响自己，慢慢地，自己原本绷紧的身体就会放松下来，这时就有了情绪化解。有些情绪会在特定的情景中，不由自主地冒出来，你可以问问自己：情绪的背后有什么？其深层的含义又是什么？你要记住，每一个让你痛苦至极或快乐无比的情绪，事实上都在提示并启发你。

以下"关于团队信任的话题探索"让我们学习如何在冲突中静下来，有意识地直面自我，理解他人，探索深层觉察。

关于团队信任的话题探索

最近，立得总是烦躁不安，他认为自己分管的部门内，上下级之间缺少信任感，团队氛围不够和谐。这让立得感到很不舒服，甚至有点紧张，因为他认为时间久了，这会让整个团队的协作受到影响。因此，他开启了自我探索：怎样让团队成员彼此信任。

首先，立得自问道：怎么看待这件事情？

自答：感觉不爽，会影响工作。

旁白：确实，以一般的管理经验来看，很少有人会认为出现这样的情况是应该的，也会认为这样的情况持续下去会影响业绩。

自问：如果把此事放到一个更大的系统层面去看，会怎样呢？

自答：好像有新的发现。

旁白：事实上，在每个系统中，或多或少都会有这样的情况存在,这种关系在一个团队运作中必然会出现。没有一个团队的信任关系是恒定常态,管理者总是处在持续构建团队关系的过程中。而关键在于管理者需要能判断出这种关系对工作结果的直接影响程度,以及如何确保这种关系不直接影响到业务目标的达成。

自问:观察到自己在此过程中的情绪是什么?

自答:我觉得他们之间缺少信任,这让我感到烦恼和不安。

旁白:管理者要识别自己的情绪,以及了解这种关系对工作结果产生影响的程度。如果影响是直接的,他就要调整团队,确保目标达成;如果影响是间接的,他就可以尝试把处理关系当作团队锻炼和磨合的机会。这是两个不同的处理策略。

立得识别出自己特定情景下的固有情绪反应模式,尝试通过抽离式的提问来转换角度,甚至站在更长远的未来回看此刻。自问:

- 团队成员之间缺少信任,我如果就是他们中的一位,会怎么看呢?
- 如果站在更高处看团队,会注意到什么呢?
- 在2~3年后,再看这件事,会有什么发现?

三个提问涉及三个视角,一个是置身其中,一个是超越自己、团队以及相互之间的关系,还有一个是超越时空。

立得意识到:关系的建立是一个动态的过程,而自己的主要责任就是要识别其中的变化,用灵活的策略与举措来持续支持关系的健康发展。同时,他还意识到一个对他而言全新的管理理念:管理是指目标达成过程中的管理动态、管理过程，没有动态的过程管理，就没有目标的高质量达成。

旁白：立得之前只是"知道"，但现在经由探索、体验，这份认知就转化成他的管理智慧了。

最后，立得还要支持自己提高在处理各类关系时的情绪理解与把握能力，拥有一个理想的状态来面对不太舒服的关系问题。自问：

如何看待自己在处理关系问题时的情绪？

最希望自己可以用一种什么样的状态来处理关系？

留意到这种状态下的自己，是怎样工作的？

立得通过目标导向的提问，拓宽认知空间、思维空间、关系处理空间，拥有一个理想的管理状态。

在过程中，立得融入了内在价值追求，这稳稳地支持自己去处理关系。

三、直接沟通：敞开自己，直面问题

潜能教练要在恰当的时机，问出直抵内心的挑战性问题，思考一些平时未曾思考，关乎深层次情绪、信念、价值观的问题，并应对可能存在的内外不一致、前后矛盾、心口不协调等问题，学习坦诚而真实地面对自己。

（一）直面现实挑战

一些令人不太舒服的事实、不尽如人意的趋势，内含真正的挑战性机会。我们要改变一厢情愿沉迷于固有想法的模式，去找寻事物的本来面目，把握真正的规律。此外，我们还要改掉在面对错综复杂的情况时，不经思考就按原有路径直接做出选择的习惯，鼓励自己进行全面的思考与分析，并直接提问：

- 在不尽如人意的业绩背后，隐藏着什么样的风险？
- 什么是自己能控制的，什么是无法逆转的？
- 当前面临的危机到底是什么？机遇会在哪里？
- 要形成新的能力，最缺的是什么？怎么补上去？怎么才算补上了？
- 需要率先突破的是什么？
- 有益于整体发展的关键一步是什么？

潜能教练在关键时刻选择真实地面对自己，接受直击内心的问题带来的"威胁"，对现实问题不回避，努力认清并接受现实，理性分析并勇敢地做决定。比如：诚实地面对知识与信息盲点；重新建立对客户需求的敏锐感知，实现商业模式的创新。

(二) 沟通前的思考

有时，我们急着达成目标，很容易在着急、焦虑与高成就导向的驱动下，忽略一个事实：我们面对的是感性的人，而不是理性的人工智能。很多按照逻辑推演应如此的事情，在进程中，都可能因为参与者的情绪或反应而变得复杂。因此，我们要提高人际关系敏感度，重视工作安排中的员工能动性，尤其是在变革转型、协同创新中，需要思考：

- 有哪些人会受此影响？

- 决策会带给他们什么样的影响？
- 他们可能会有什么样的反应？
- 管理者如何在这个过程中支持他们？
- 真正能带给他们价值的是什么？
- 如何支持他们在变革中成长？

（三）传递信心，正视信心

我们很容易对未来、自己充满信心，有时甚至都来不及盘点信心的理由，就开始迫不及待地给员工、合作伙伴传递信心。但未经审视的信心有点盲目，真正的信心是有依据的信心，并建立在系统性的盘点、布局以及周密的安排之上。这要求我们在统筹制定了执行策略后，一定要以批评家的角色，不远不近、不偏不倚，不带有任何预先设想的答案，如实地追问：

- 是什么托起了这份信心？
- 这份信心在多大程度上是与成功标准相匹配的？
- 确信的是什么？不确信的又是什么？
- 有哪些风险需要面对？
- 如果有一个批评家在身边，他会指出什么？
- 有哪些潜在的障碍会影响愿景的实现？

（四）直面不一致性

必须承认的是，潜能教练未必能及时、敏锐地觉察到自身的不一致性。正因如此，每一名教练都需要为自己找一位教练，使得在成长的道路上，有一双教练之眼、一颗教练之心助自己提升觉察的深度、高度和广度。你约请的教练，能感知到你身上的"真实"，能直接"打开"你。

这种教练对话，陪伴我们开展对自身不一致性的探索，这种探索指向我们的内心，让我们敞开怀，拥抱真实的自我。

对话实录片段：活出生命的价值

问：我们整个对话的时间是45分钟，今天你想探讨一个什么话题呢？

答：情况是这样的，通过这几年的学习，我深刻地感受到并找到自己最终想要达成的那个目标。我说的最终指的是整个生命的终点，而不仅仅是职业生涯的终点。我想进一步地探索一下。因为其实我的职业生涯快要结束了，很快就要退休了。但我并不希望退休意味着我的生命价值中断。我希望它能够继续延续下去，然后把整个生命的意义完整地、淋漓尽致地展现出来，这是我想探索的东西。

问：你不想停止，那你真正想延续的是什么？

答：听到这句话，我突然想起我曾经定义过生命的意义。我当时定义的是我希望我的生命就像和煦的春风，能够给人温暖，还能带着大家尽情翱翔。

问：假如你真的能够做些什么，以实现自己的想法，这对你来说的意义又是什么呢？

答：我认为这可以让我感觉到生命的饱满和充实。我能够感觉到这一生没有白过。这一生是有意义的一生。

......

问：刚才你说内心感到特别开心。

答：是的。内心里一下子就涌出一股热浪，这股热浪在往上升，它让我感觉我就像热气球一样。我觉得我可以飞得更高，好像没有什么能阻挡我。

问：那么，从这里我们一起起飞，没有什么可阻挡我们。你觉得接下来你最想要往哪里飞呢？

答：我想知道这个起飞的动作是什么样的动作？起飞的动作怎么做才能让飞行能轻松自如，而且能一直飞。

问：你想从哪里开始？

答：我也想知道从哪里开始，我现在对此还有点模糊。

问：是什么卡着你？

答：我想实现梦想，通过对别人的帮助来实现自己生命的意义。我不知道怎样才能实现这些，也就是说我做什么才能真正地开始？

问：你向自己提出了一个问题，做什么才算是真正的起步，对此你怎么回答呢？

答：怎样才算真正的起步？既然要成为春风，带别人翱翔，帮助别人，那么自己得有浮力。而自己的浮力源于内在的能量。因此，我首先要积攒能量，有足够的能量才能起飞，然后才能支撑别人飞翔。

问：当你说积攒能量的时候，你自己的内心有什么样的变化？

答：是的，我觉得，决心坚定了一点，我想要去学习一些东西,让自己的内心更充实。多学习,多积累。

问:我注意到你刚才回我"是的"的时候,特别坚定。

答:嗯,没错。因为我觉得,在这一二十分钟里面,我和自己的内心又对话了一次。虽说以前很模糊,但这对话让我觉得这件事儿没什么可犹豫的,我变得更坚定。首先就是要好好地充实自己,积攒能量,这是必须迈出的第一步,为起飞做有意义的准备。当能量积攒足够的时候,自然就有了起飞的机会。

问:你想要通过学习积累到一份什么样的能量呢?

答:这个能量能让我认清自己,倾听自己的心声,然后成为最好的自己。

问:那么,此刻你真的允许自己通过学习和实践拥有这样的能量,成为最好的自己。那和煦的春风有什么样的变化?

答:春风变得特别的"纯粹"。其实,我不知道为什么就突然想起来,我们古代的先贤们,比如孔孟、老庄,他们实际上都是很有内在能量的,他们以自己的能量去支撑着那些弟子或当政者,去帮助他们。我不知道为什么突然想到了这个,然后我就觉得其实我已经化成那股春风,变得那么纯粹,那么有力量和能量。

……

问:如果你允许自己再往前走一走,看到生命的整个过程,你会看到自己在做些什么呢?

答:我注意到,那股春风不仅托起了他人,还注入他人的心中,温暖了他人。

……

问：我注意到你说"我做到了"的时候，声音特别干脆，你做到什么了？

答：我实现了理想生命的意义、活着的意义。

问：那个时候鉴于你生命的状态，你会对自己说什么呢？

答：这辈子活得值了。

问：那当你80岁、90岁甚至100岁的时候，回顾你整个生命历程，你觉得自己的生命状态是什么样的？

答：生命状态是饱满的，还有无悔的。

问：那现在，你注意到自己起飞的动作是什么样的吗？

答：就是很有力量的。

问：所以你今天的最大收获又是什么呢？

答：收获就是更加明确生命的意义。

实现多角色的平衡，收获人生的整体价值

一、生命是关于成长的探索，指向的是愿景画面

生命本身就是成长。在人生这趟旅程中，每一个人都是自己生命成长旅程的探索者。我们生命的意义不只是从书本上获得的，还是自己实践出来、活出来的。你见过的人、经历过的事、走过的路、闻过的香、尝过的苦，组成了你独特的人生，你用真正的"活"来确定生命的意义。

在这趟旅程中，愿景是目标实现、探索成功时的那个画面，而那些出现在画面中的主题性元素，就是关于人生的隐喻。你有自己

的愿景画面吗？你要允许自己再次发问：对我而言，愿景意味着什么？只有这样，你才能激发你的内在智慧。你若激发了内在智慧，在探索的道路上，你会更加富有勇气和力量，并明白，一个人这一生的成长目标就是做自己、改变自己、成为自己。

但人在刚开始探索时，会看不到愿景画面。无论是在潜能教练的课堂上，还是在自我教练的过程中，有人刚开始是无法生成愿景画面的，甚至还会产生疑问：是不是逻辑强大的人，会无法产生这些虚构的画面？答案是：每个人都有自己的"内在视觉系统"。在探索的起步阶段，无法看到愿景是暂时的，这可能是因为自己不敢想或有过失败的经历，觉得那是不可能的，从而不愿意相信自己，而这阻碍着自己去憧憬未来，看到期望的愿景。这个阶段最需要的就是调用"激励马车"（五大内在素养），并问自己：如果看一部电影，主角是理想的你自己，你看到了什么？这是探索的第一步。

在探索的过程中，有人会担心失败。谁没有经历过失败呢？我们曾经都想做成一件事，可刚迈出第一步，就发现无法继续下去。更具戏剧性的是，我们习惯把无法继续的原因归到外部。比如：领导好像没有很关注这件事；人手不够、能力不够、没有资源；团队的专业基础太差，以致完成任务很困难；我现在很忙，可能要等到空下来才可以开始；等等。确实有很多理由让我们给自己找到台阶。

那么，怎么帮助自己继续前行呢？学会聚焦。这意味着聚焦目标清单中的优先项，建立目标与内心价值观的联系，让自驱力起作用；聚焦想要实现的目标，把实现目标的过程细化为一个个举措，并配上合理的时间安排；聚焦一步步实现愿景的过程，并配上扎实的行动；聚焦行动与愿景的一致性，阶段性地核验过程，并在发生偏差的时候依靠内在觉察，让自己重回正轨；聚焦所能掌控的自主改变，做自己能做的事，持续朝着目标前进。

有时候，组织文化或群体的系统性认同也会阻碍愿景画面的生成。有的管理者习惯于寻找标准答案，因为他们都是学校里的优等生，面对没有标准答案的学习任务时，会焦急地想要找到万全之策，却忘了只有行动才会触碰问题，发现真正的突破性机会。此外，有时候，管理者喜欢观望，或者更善于批判性观察，习惯于调用自己的固有思维，说："瞧，被我说中了吧"，然后再用一个"等等看"，静观其变。

愿景的画面是美好的，但过程却不见得永远都是充满光明的。成长需要克服艰苦的磨砺和经历煎熬的挣扎，这是生命成长的规律，这要求我们在持续探索并聚焦内在的、深层次的渴望的同时，面对与接纳每一天来到面前的各种可能，并将其视作生命赐予的成长礼物。

这整个过程如同一艘生命的小船，在经过波浪冲刷、狂风摇撼后，终于来到一片开阔的海面。当你回望旅程时，那些曾经的困扰与痛苦此刻都已经淹没在人生的海平面之下。

二、整合"既想"和"又要"的两难选择

我们经常会面对"非此即彼"的两难选择。有趣的是,潜能教练更倾向于采用中国古老文化中的中庸之道,始终抱持一种"既和又"的想法,不是"非此即彼",而是去其两端,取其中而用之,并且这个"中"有时是两点之间的某一个点,更多时候是现状升维后的某一点,而其能兼顾之前"非此即彼"的两个点。"既和又"能把貌似冲突的两极整合在一起。"二"来自"一",事物永远是对立统一的,统一中包含对立。这自然就形成了一个参考体系,使人从一个统一后的新视角,看之前的两个点,随即有了新的觉察和判断。以下"在陷入两难境地时,找到第三种解决方案"就是在"非此即彼"中进行整合与突破的例子,而产生这个奇迹的源泉是每个人独有的潜能所带来的创造力。

在陷入两难境地时,找到第三种解决方案

一名管理者在他的职业生涯中,一次又一次地面临着选择。别人羡慕他有选择的机会,但是他却总是纠结于自己面临的每一次选择。在偶然的一个机会下,他选择用教练的方式,来做一道让他纠结的选择题:到底是选择A,还是选择B。
结果大大出乎意料:他发现自己既可以选择A也可以选择B,但内心突然涌现出一个高于A和B的最佳方案。那就是:建立起自己认可的标准,而不是依赖他人设定的标准。他觉察到,之前一直住在别人为自己建造的房子里,从来没有以自己的标准来建造自己的心房,把心放在别人的房子里,难怪

会感到不舒服。用自己的价值观为自己设定人生的心锚和建造人生的心房，可使得自我信任感得到增强，拥有激发潜能的力量。

结束时，教练好奇地问道："下次再面临两难时，你的策略是什么呢？"

他哈哈大笑地说道："从此以后，我有了自己认定的判断标准，而这就是超越性的解决方案。"

这样的例子在成功的教练对话中屡见不鲜。潜能的力量在自我探索之前确实无法想象。人总是对没有体验过的事物半信半疑，无法抉择，但只有尝试过寻找第三种解决方案，才会真正地看到自己的潜能，更加信任自己的潜能。

研究发现，但凡有创造力的人才，有一种很重要的人格特质：能够享受反经验带来的启迪。把本来毫不相关的两个想法，甚至是对立的想法整合在一起，是创新性人才的独特表现。他们总是带着强烈的好奇心，愿意并积极地面对矛盾与冲突。他们懂得欣赏不同的事物，欣赏"既和又"的对立统一逻辑。他们理性，也感性；喜欢投入地玩，又表现出很强的自律性；是外向的，也是内敛的。当然，"既想"与"又要"的整合，既然能在潜能教练身上得到验证，促使他们拓展思维空间，当然也可以在激发员工时使用，能助力潜能教练识别创新性人才，激发员工队伍创新创造的意识和能力。

影响我们实现"既想"与"又要"整合的，从来不是外在客观条件的限制，而是自我觉察与思维整合。以下"境外工作与陪伴孩子成长"反映的就是，在意识到"既想"与"又要"的矛盾时，潜能教练可以超越逻辑脑的路径，帮助做出更为智慧的选择。

境外工作与陪伴孩子成长

有一位管理者，遇到一个境外工作的机会，可他的孩子刚上初中。他回想起身边的一些领导曾经说过，他在工作上付出太多，以致失去了陪伴孩子的黄金时间。他内心非常纠结，不知该如何面对这一抉择。似乎在他的思维中，如果选择境外工作，一定就会失去陪伴孩子的机会。同时他非常清楚，自己很希望得到这个工作机会。

他选择通过自我教练的方式做深度探索。

自问：如果站在未来某个特定的时点看今天要做的选择，有什么建议？

自答：我发现自己想要两者兼顾。

自问：在两者兼顾的状态下，自己最大的体会是什么？

自答：我觉得自己想要一种平衡的成功，平衡的幸福。

自问：假如有一个魔法棒可以实现平衡，那种平衡的画面是什么样的？

自答：我选择去境外工作。对孩子的陪伴可能不代表每天陪伴在孩子身边，我选择和孩子做一次深度交流，父子约定好每周有一个固定的视频时段，分享工作、学习、生活中的趣事。

最后，他意识到，"既想"和"又要"并非平均用力，而是在当下形成一个确保两者兼顾的解决方案，但一定会有所侧重。一段时间后，他发现与孩子每周的视频交流越来越有意义。事后，他反思自我的内在成长，特别感谢自我教练给出的提示，使他学会了从兼顾两难中获得觉察和转化的机会，而这实际上提示他在做选择的时候，寻找"既想"与"又要"之间的平衡点。他最终更加明确这一点：经由向内探寻得出的方案，让自己做出选择时更加灵活、果断，更加明白选择背后的人生追求。为此他对自己感到满意。

在成长的过程中，每一个难局背后都可能藏着不易觉察的平衡点，这要求我们重视对自己的观察和留意。善于平衡的智慧本身就是一个生命导航系统，它让我们全方位地把控着人生成长的航向与进程，避免在驶向目标的进程中一叶障目，把需要关注的点遗漏了，留下平衡不当的遗憾。"既想"与"又要"的整合，可以让我们过上有觉察、有判断、有选择的生活。

三、实现多角色平衡，追求平衡的幸福

尽管生命作为一个成长过程必然经历挑战和艰辛，但我们总是向往着可以度过美好幸福的一生。但有趣的是，每一个人在人生的每一个阶段，对幸福都有着不同的理解，并将其展现在工作与生活的方方面面。平衡轮[1]（见图4-1）是一个非常奇特、有用的工具，可以在教练进程中灵活应用，提供关于幸福的平衡性探索，

---

[1] 平衡轮是教练常用的工具。圆圈代表整体，根据需要分成6~10份，每个扇区可用不同颜色标注，目的是增加视觉上的层次感。其与列表最大的不同是直观，并且系统性、整体性和平衡度更强。

使多个社会角色得到平衡。

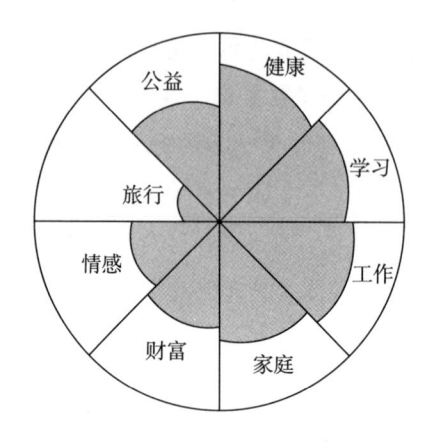

图4-1 平衡轮

平衡轮的应用

把一个空白的人生幸福平衡轮放在面前，思考下：自己觉得哪些要素对幸福人生而言是必不可少的，并将它们依次填入平衡轮。

每一个人都可以画出自己的人生幸福平衡轮。每个人都可以在当下的现状与未来的渴望之间定义、平衡自己的幸福。

我们可以在里面填入：健康、学习、工作、家庭、财富、情感、旅行、公益等。

有些元素代表着每个人的一些角色。比如：在家庭中，人会从单一角色发展为集丈夫、儿子、父亲三个角色于一身；在工作中，人至少有管理者与被管理者两个角色，当然还可能有副业；在社会上，人相对地有朋友、亲人、同学等多种角色。有趣的是，唯有健康、学习、旅行三个要素，背后的唯一一个角色只有我们自己。

我们要再花点时间，给平衡轮中每一个元素的满意度打分。

> 圆心表示0分的满意度，圆心到最外围的线表示有10分的满意度（分数由内而外依次递增）。我们可以对自己的健康、财富、情感、学习、工作等打分，可以是5分的满意度，也可以是8分的满意度。

然后，我们在每一片区域，为圆心到满意度圆弧线的扇区部分涂上不同的颜色，思考：

- 我观察自己的人生幸福平衡轮后，留意到了什么？
- 在这个平衡轮上，我在哪几个部分取得突破，能提升我的生命满意度？

我们沉思良久后，选择要提升的那几个部分，然后思考：

- 要提高到什么程度呢？

我们随机把扇形区域扩大，然后用深一点的颜色标注扩大的部分，接着思考：

- 如何提高呢？

- 可以做点什么？
- 什么时候开始行动？
- 如何确保能真正执行？
- 可能有哪些挑战需要克服？

最后，扩大后的平衡轮再次呈现在面前，我们再做整体的审视和思考：

- 面对调整后的人生幸福平衡轮，我感觉到了什么？
- 看看还有什么需要调整的？

人在一个模式下工作和生活久了，很容易拘泥于一个特定区块或框架，钻在牛角尖里。这就需要日复一日地观察自我能量的流动方向是向内还是向外，并让外部的能量与内在思维、情感做互动，然后经由平衡轮，实现整体平衡。

平衡轮也可用于市场商业决策时的各种因素的综合分析。比如：

> 在选择合作伙伴时，你需要对合作的优势与劣势做比较。如果有三家可供选择的合作伙伴，就可分别在三个平衡轮中把与它们合作时的最关键的因素纳入其中，再分别做衡量和比较，并用不同颜色标记。

结果会让你感到意外：其实答案往往不是直接体现在满意度分值的对比中。把所有要素放在一起，做整合分析时，那个远超表象的价值判断，才是真正支持做出决策的关键点。

把平衡轮应用于能力提升也非常有效。在教练对话之前，潜能教练可以将平衡轮中的元素融入与受教练者或者受教练者的组织方的讨论，以明确在教练过程中，帮助提升哪些管理能力。比如：

> 潜能教练请受教练者将沟通能力、时间管理能力、团队辅导能力、客户关系管理能力等，分别写在平衡轮的不同扇区，并根据自我满意度对当下每个能力项打分。
> 整个教练周期，就围绕着每个能力项的自我满意度提升做对话探索（除非过程中受教练者改变目标）。
> 潜能教练在教练结束前，再次邀请受教练者，就每个能力项打分，并闭环评估受教练者的教练效果。

人在每一个阶段，都是在不断改变自己生命成长的平衡轮，但千万不要认为平衡就等于完美，也并非每个能力项都打10分才是最好。平衡不是完美，因为我们每一个人在做判断与决定时，事实上都要有所取舍，要做好生命能量的布局。我们永远不可能达到全部满分的完美，平衡只是在某一时刻的资源条件下，做出的一个最佳选择，对最关键的那个部分所做出的主动调整与改变。但确定的是，我们都是在对平衡、完美的探索进程中，不断迈向自己的目标。

四、没有内心的平衡和踏实，就没有心锚的稳固

想要内心的平衡和踏实，潜能教练就要知行合一地实修，以在组织系统中获得心锚的稳固，否则就无法作为组织的动力枢纽，发挥潜能激发的作用。生命是一艘小船，小船并非仅仅为了停靠在港湾，而是自有航行任务。而踏实来自锚定，当小船在前行的过程中抛下船锚的时候，越是逆风浪高，锚扎得越深。平衡离不开稳定和灵活，正如锚懂得如何在风高浪急时往海底更深的地方扎下去。

潜能教练稳定心锚，在组织系统中扎根，需要将激发、好奇、欣赏、尊重、相信五大素养融入日常管理场景，并使其与组织特定的语言、文化、价值观无缝对接，同时调用以人为本、成果导向、价值共赢的系统思维，知行合一地将它们运用在带领队伍、达成工作目标的任务中。

以下两种方法，能让潜能教练在追求内心的平衡与稳定时的实修富有趣味和意义。

(一) 电影倒带

工作势必耗能，而平衡在于向内看，扫描内心。在留意到关系冲突，感受到工作带来的焦虑、烦躁等坏心情时，你要给自己提供一个倒带机会，即把发生的事如同电影一样在眼前倒带放映一遍，并叩问自己：这部电影背后最深的意义是什么？类似的叩问可以一直持续下去，直到出现核心价值观词汇为止，比如出现了"成长"这个价值观词汇时，你要感受"成长"带给你的视野开阔、心境逆转，再问自己：致力于"成长"这一价值追求，那么行动的那一步是什么？这种做法会提示我们如何平衡职场中经常出现的负面内容，把与自身不匹配的能量转化为可以让自己成长的能量。这样反复探索，让我们把自己的心锚深深地扎进内在系统，并在经事中得以锚定，从而强化对内在价值的理解与认可，慢慢地培养并发展出内心的平衡。

（二）通过时间轴"活出"价值观

内心的平衡来自我们自觉、自主和自决地践行价值观。对此，潜能教练可以尝试把生命中所有重要的事物整理、罗列出来，放入人生的时间轴，并针对那些自认为想负起责任的使命和有意义的价值观，开展一场有意识的自我教练。比如在周一的早晨，设定价值观词汇为"成长"，我们问自己：

- 作为直线经理，我如何真正地成长？
- 作为父亲，我如何成长？
- 在这一周，我可以做哪些改变，以更好地成长？
- 在这一年，关于成长，我最想实现的目标是什么？

我们要信任我们的潜能，让有力的问题激励我们思考并践行自认为有意义的价值观。

第二部分

作为

持续激发员工内驱力，驱动组织价值共创

第五章
员工越有内驱力，越有组织归属感和创造力

让员工目标与组织目标保持一致

人都是社会关系中一个特定的存在。我们都属于一个团队或组织，通过工作与社会互动，并且始终在工作中探寻生命的意义与价值。员工在做感受不到价值或半信半疑的事的时候，往往可能半途而废。如果工作没有清晰的目标定位，员工会缺乏方向感和归属感，更谈不上创造力。反之，员工如果非常确信一件事，渴望达成目标，就会将心注入，全神贯注、主动积极地工作；如果能感受到工作的价值与意义，就会有办法、有能力，持续专注地投入时间与精力；如果感受到工作与爱好相匹配，会更加充满活力并享受其中。

一、明确工作标准

清晰的工作标准包含目标与价值观两部分。目标是组织期望达成的成果，是团队努力的方向、前进的动力。短期目标回答的问题是"我们要干什么事""要把这件事情干到什么样"，长期目标回答的问题是"我们要去哪里""我们要去的地方是什么样的""我们怎么知道已经到达了目的地"。很重要的但也容易被忽视的是价值观。价值观回答的问题是"为什么目标这么重要"，是指人们对目标的意义、重要性的总体评价或看法，决定着某件事或工作是否值得去做。

组织以价值观引领目标的设定，在实现工作目标的过程中，保持目标与价值观的一致性。管理者为达成绩效，需要在员工与实现组织目标之间建立一座桥梁，以确保目标引领和价值观引领，同时明确不同层级员工的工作标准，明确目标以及关联目标实现的价值主张。成为潜能教练的管理者担负起的工作职责，不再是简单地通过喊口号、提要求来布置工作，而是通过与员工的互动，共同深化对工作目标与价值观的理解。

- 我们为什么要达成这个目标？
- 我们认为最重要的是什么？
- 这个目标对我们来说意味着什么？
- 这个目标对组织的整体发展来说意味着什么？
- 作为组织中一个特定的单元或部门，我们为什么要为之而努力？
- 我们将在此过程中创造出什么样的价值？

- 我们的目标达成会给组织、社会、客户带来什么？

以上问题可以在潜能教练与员工的互动中高频使用。每一个问题既是向员工提问，也是潜能教练自己首先要思考并要回答的问题，而这些答案关乎组织的目标与价值观。对话促进员工思考，让员工对工作目标产生"知其然并知其所以然"的新认识，建立起对组织更深的理解与情感。同时，管理者本人也能更深地走入员工的内心，了解他们的真实想法与追求。

很多时候，管理者与员工达成目标共识并非一次对话就能完成。一方面，这需要管理者自身提升认知，更加完整、系统地理解战略、定义目标、锁定价值观，并将价值主张与目标引领要求准确地传递给员工；另一方面，更重要的是，这需要管理者把握员工在工作推进中产生的认知改变或升级，因势利导地激发他们自主思考、探索、总结。此外，需要提醒的是，如果管理者认为员工的认知深度一定不如自己，那就等于把自我成长的大门关上了。互动总是表现为互相激发和启发的过程。管理者往往能在与员工持续探讨工作目标和价值观的过程中，获得灵感和触动。管理者能体会到中国古老文化中的"弟子不必不如师，师不必贤于弟子"。

二、探索并清晰化价值观

管理者有责任真正理解组织目标并向员工准确传递自己的理解，帮助他们明晰工作标准，特别是价值观。明晰工作目标不是一件非常容易的事情，但明晰价值观更具挑战性。管理者很难通过一般意义上的号召，改变一个员工深层次的价值判断准则。对员工来说，很多事在理论层面说清楚但依然无法"理解并做到"，并非只是因为行为或技能层面的障碍，而是因为目标与人的态度、动机、价值观等深层次因素之间没有建立一致性的联系。

每个人的底层操作系统都不同。在教练语系中，人的底层操作系统被称作"后设程序"。后设程序是指那些自己也不知道，预设在人的心智模式、思维方式、行为方式背后，但实际上具备掌控力并发挥作用的那个系统。潜能教练在实践中，通过反复对话来快速建立对一个人底层操作系统及其驱动方式的理解，以便快速理解并匹配客户。

常说的"一把钥匙开一把锁"，是指管理者凝聚人心、激发队伍需要结合每个人对底层操作系统的理解，即针对不同的工作任务、目标，对不同的人采用与之匹配的激发、赋能、辅导方式。"眼里有活"指的是管理者明确工作目标，心中有人，理解员工、尊重员工。管理者越深入了解一个员工，就越能看到他的整体性，越能看到他思考与反应的模式，以及个性特点、内在信念、价值追求，也越能发现并欣赏他身上的闪光点，从而顺着他特有的纹路做梳理与激发。

管理者在富有耐心地持续支持员工探索自己的价值观时，越有清晰的认知，越有工作的创造力与耐磨性。管理者有责任帮助员工弄清楚他们自己认为最重要的是什么。亚伯拉罕·马斯洛（Abraham Maslow）的需求理论为人类理解并思考自身需求提供了一个基本的分析框架。这个框架从下到上依次分为生理、安全、归属与爱、尊重、自我实现五个等级。需求固然有先后顺序，也可能会并行存在。例如，有些人可以为喜欢的事废寝忘食，可以为执着追求的目标甘于寂寞，但有些人却做不到。这说明需求因人而异，不同的人对需求的内涵的理解与追求的程度大有不同。在"什么对员工最重要"方面，管理者千万不能先入为主，有自己的预判。管理者如果认为金钱奖励是第一位的价值追求，就会因为没有更多的钱用于激励员工和团队而懈怠。而现实的挑战是，管理者要在薪酬激励有限的情况下，激发员工。潜能教练运用教练对话激励员工自我学习成长，需要探寻他们内在动力的组成结构，以便在工作中有针对性地激发他们。

每个人内心深处都有为群体创造价值的渴望。管理者可以在每次工作任务的布置、绩效反馈中，抛出以下问题：

- 你为什么主动请缨来做这项工作？
- 你期望在工作目标的达成过程中收获什么？
- 这个工作本身对你来说为什么重要？
- 你觉得这项工作的意义是什么？
- 实现这个工作目标对你来说意味着什么？
- 如果能实现这个工作目标，更大的价值可能是什么？

那些员工非常在意的价值观，就是他们的内在追求。有人追求工作中的成长，有人渴望在项目中学到新知识，有人希望通过克服挑战获得认同，有人希望被组织看到或者只想要用专业做贡献，还有人认为自己必须站在趋势的前沿位置上去引领它。总之，人的内在追求大相径庭。读一下李可的故事，我相信你会发现你身边有很多这样的"李可"。

> 李可是一名科技人才，马上要从技术岗位转到技术管理岗位。在教练对话开始时，他说想要拿到一个具体的学习计划，以帮助自己解决面对新岗位时的焦虑。
> 对话不到15分钟，他就拿到了一个迎接即将到来的新工作的学习计划。
> 教练问："如果你能成功执行这个学习计划，你觉得会想到什么？"
> 他听了后，沉默良久，说："本来我只想通过与你的沟通拿到一个学习计划，不过现在思考这个问题，我感觉特别神奇。我发现，在我的想象中，未来我的面变得更加多维了，我有更多的学习任务，但我要先马上落实这个学习计划，我对此特别有信心。"
> 短短一席话，李可用"特别神奇"一词表达出他看到了自己追求学习成长、追求多样化发展的内在诉求的感受。

三、持续校准个人目标与组织目标的一致性

帮助员工校准个人目标与组织目标的一致性，是非常重要且必要的员工激励手段，也是管理者管人管事的重要内容。管理者凝聚人心、激发活力，贯穿建立工作关系、执行工作任务、达成工作目标的全过程。

管理者有责任帮助员工明确地知道：组织期待的成果是什么？员工在朝着哪个方向前进？是否在正轨上？每天做的工作到底是在前进，还是在原地转圈？是在为组织创造价值，还是在消耗资源？管理者在布置完工作任务后，可以对员工做个简短但必要的提问：

- 对于刚才我说的这些目标，你觉得达成目标对我们来说意味着什么？
- 你觉得达成这些工作目标的重要性是什么？
- 你打算为自己设定什么样的目标？这些目标对你来说为什么重要？
- 你觉得你的工作任务与我们整体目标之间有什么关系？
- 你觉得正在做的工作会带给团队怎样的变化？会给组织创造什么价值？
- 你觉得这些工作目标的完成有多少挑战度？你有多少承诺度去实现这些目标？
- 你希望我在过程中做些什么？

校准个人目标与组织目标的一致性是一个持续的过程，这让管理者既要聚焦目标达成，又要能理解人、欣赏人、激发人，并使其贯穿带队伍完成目标的全过程，也部分定义了"带队伍带的是心"的内涵。

在上述七种问题中，除最后一个是请员工对管理者提工作要求之外，其余均是支持员工在工作中建立个人目标与组织目标一致连接的有力问题。管理者能理解员工是怎么想的，及时吸收新的见解与新的发现，并与他们一起解决问题，从而提升决策判断能力与执行中的创造力。管理者主动让员工说出自己与组织目标的关系时，他们会为管理者的倾听而感到开心。管理者也向员工传递出自己的心声：我关心你，支持你成长，让你的成长与组织的发展保持一致是我的责任，让我们共同完成目标。

人在实现目标的过程中塑造自我。人对目标的追求过程，是自我发展、自我塑造的过程。为了实现组织目标，每个人、每个团队都会"做"很多工作，在"做"中"成为"。潜能教练用清晰的组织使命、愿景、价值观引领员工，激发员工在工作中创新、创造，在实干中有力地开启对目标与价值观的探寻，找寻自我、看到自己，从而实实在在地为组织、为他人创造价值，并感受到自己的投入与付出与组织发展处于同一轨道上。

管理者帮助员工建立清晰的自我认知，实现个人与组织基于目标一致性的共创共赢，自然能提高员工的敬业度，组织也更有自驱力去设定更高的工作目标。员工感受到自己全身心地投入组织目标的实现，在成就组织中实现自我价值，创造并体验工作的意义。

四、关注数字时代科技创新型人才的独特性

科技创新型人才是指在组织中拥有一定的科技能力与水平，从事科技研发或工程相关工作，不断通过研究、发明、运用新技术，实现原创性突破或渐进式创新的人才。

科技创新型人才在组织中有其特殊性。科技创新型人才对组织的贡献并非靠数量或规模取胜，而是技术的品质、产品的性能。顶尖的科技创新型人才具有高市场价值和不可替代性。在前沿科技领域，一名顶尖的科技创新型人才能带动一个全新行业标准的建立；在互联网领域，一位顶尖的产品经理可带来一个行业的改变，一名顶尖的软件工程师抵得上一个500人的开发团队；在产业数字化领域，一名顶尖的平台架构师能统领所有内部平台系统与客户需求相互协作的数字平台建设与运营。

组织自主培养和锻炼科技创新型人才，选好苗子，体系赋能，使其在工作中历练成长，并以成果为检验标准。整个过程遵循一代标准一代人、一代产品一代人的原则，通过拔尖的人才来带动整体发展，并以平台支撑人才的阶梯式成长。最有效的方法是，把他们置于高难度的任务中，赋予其未曾承担过的责任和高挑战性的目标，让其对结果负责。

潜能教练需留意的是，科技创新型人才的技术创意和创造力不只来自大脑，更源于内心主动的价值追求。决定一个人能动性的不只是能力，还有信念、价值观、态度与自驱力。自驱力是最持久的力量源泉，会在创新、创造中显现出持久的原动力。研究表明，个人价值观与组织价值观并不矛盾，清晰的个人价值观能更好地帮助个人在组织的发展中定位。个人价值观的清晰度决定了个人对组织的忠诚度。组织价值观对科技创新型人才有影响，但最终决定两者匹配度的是个人价值观。科技创新型人才的自我认知越清晰，越有助于个人找准方向以投入工作，组织也越能结合人才的优势与价值诉求给予成长支持。

科技创新型人才是一种独特的生产力，他们的工作成果不仅体现为提供产品、服务及其带来的收入，还体现为他们所创造出的新生产力，比如新型研究成果、新工具、新技术。这些成果一旦得以运用，降本增效、拓展发展空间的可能性就变得更大。激发他们的潜能，能直接激发组织生产运营的内生潜能。

潜能教练从三个方面激发科技创新型人才的潜能。

一是重新定义并理解目标。潜能教练不仅聚焦于眼前的工作目标，将其与个人长远目标、组织整体目标联系在一起，还通过视角转换，打破原有的界限，志存高远地设定目标，在个人目标与组织目标之间找到一致性，并在特定的平台找到能让个人才能得以发挥且符合长远目标的平衡点。

二是拓展出多维多层的思维模式。潜能教练跳出单线程思维模式，更多地调用被激活的潜能，保持足够的专业度和专注度，聚焦于想要有所作为的领域，既要时刻保持警惕，不要陷入二元思维，又要通过积极的意念来留心专业环境，去观察、去思考细微的小事，在各个充满可能性的层面探索和实践，从而拓展出多维多层的思维模式。

三是叠加感知能力与想象力，构建全脑思维。技术工程师的思维相对线性化、模块化，而教练对话可以激活右脑，叠加能形成画面感、有想象空间的感知及表述能力，激发大脑神经的可塑性，使其能水平思考、多元创新、协同包容，系统地看待现实，并把想法变为现实，持续增加自我效能感与创新的智慧。

激发员工原动力和创造力

被动工作的员工如同机器人，主动工作更有创造力。员工如何理解工作的价值及其与本人的关系，决定了他以多大的激情或动力投入工作。最持续的动力来自内在，而在科技创新与研究领域还需要耐得住寂寞、久久为功。潜能教练激发员工的原动力[1]与创造力，帮助他们看到愿景的力量，感受内心永不停息的追求，看到自身的局限，拥有持续行动的策略及做出承诺，活出自己想要的状态。

一、看见愿景的力量

愿景是一幅人真正想要的目标达成时的画面。人在内心最深处渴求实现的最高目标，都是人对自我实现及自我价值创造的渴求。以下"从'失联'转变为与愿景连接"就是一个让员工看见愿景，拥有愿景带来的力量，从而激发内在智慧的潜能教练过程的案例。

---

[1] 原动力是指最原始的动力，是人动力的根目录，而内在价值观所决定的价值追求会表现出高远志向的一面。

从"失联"转变为与愿景连接

一位科技创新领域的领军人才在很长一段时间内,意识到自己在越来越多的工作任务面前,无法恢复到之前的工作状态,感觉"与自己'失联'了"。在开始对话时,他一个劲地描述现状,讲了一连串自己的故事,至少有3分钟。

教练:我可以打断你一下吗?你知道我们的谈话时间是有限的,听你描述的这些,我感觉你对自己有一些不满意。

员工:是的,这也是我痛苦的原因,感觉自己好像没有了方向,或者没有力量让我重新回到原先设定的轨道上。

教练:假如你能重新回到自己原先设定的轨道上,或是找到一个新方向,那会为你带来什么呢?

员工:我会重新拥有动力去开展工作,再难的事情也不怕,相信自己可以搞定。

教练:在说到动力的时候,你有留意到自己的动力值是多少吗?

员工:我的"电池"都快耗干了,最多也就剩下10%的电量了。

教练:那你期待我们今天的谈话结束后,一个什么样的结果对你来说是有价值的?

员工:我想重新动力十足。

教练:在我们对话结束的时候,你怎么知道自己动力十足了呢?

员工:我会看到自己像手机那样显示出一个绿色满格的画面。

教练:这是你今天想要的结果吗?

员工:是的,教练。

以上就是谈话的开场部分。

潜能教练在面对一位对自己的现状相当不满意的员工时，首先会帮助员工从负面情绪中抽离出来。其次，他会灵活地运用"假如"框架，帮助员工明确想要得到的结果的重要性。这个时候，探索话题的方向转向动力。其中涉及内在能量的"词汇"，都是支持员工与自己的潜意识对话的资源，所以潜能教练要询问清楚：员工目前对动力的感受是什么样的。最后，锁定谈话成果，明确在教练对话中什么是员工最想要的，以及员工如何确定自己获得了这个最想要的结果。

后续的谈话潜能教练可以通过创建看到、听到、感受到的愿景画面，支持员工的内在潜能被纳入对话，创建觉察。潜能教练可以问：

- 假如你的电量是绿色满格，那时你看到的自己是什么样子的呢？
- 在你的电量是绿色满格的时候，你周围是什么样的呢？
- 此刻呈现在你眼前的是一个什么样的画面呢？
- 在这个画面中，你看到了什么？听到了什么？感受到的又是什么呢？（这三个问题要依次问，一次只问一个问题。）
- 在这个画面中，你正在成为一个什么样的人呢？
- 有什么更大的可能在等着你呢？
- 你带给周围人什么样的影响呢？
- 如果时间再往后，甚至到了你退休或者生命的终点，你看到的画面又有什么不同呢？

- 这些不同又带给你什么感受呢？
- 假如这个画面此刻定格，你选择怎么保存它呢？

二、活出渴求的状态

潜能教练激发员工，支持他们在工作和生活中完整地展现出价值观，展现出自己内在的力量，使内生的创意与自信产生意想不到的变化——活出渴求的状态。

工作会给出很多"纠结"性难题。比如：持续加班，使得孩子一天天地长大而员工却缺少陪伴孩子的时间，无法平衡工作与生活；不想放弃技术特长，又面临带团队的管理任务，以至对今后是走专业的路子还是走管理的路子，难以抉择；每天总感觉时间不够用，精力均匀分散不过来，天天在做救火队员的事情。员工在两难选择中比较纠结时，反复思量也找不到一个让自己释然的答案。

纠结其实是因为不知道自己真正想要的是什么，不知道对自己来说最重要的是什么。

主导员工内心深处的判断与选择标准是他们的价值观。一个人的价值观可以只是一个词语，比如专注；也可以是一组词语，比如自信、创新、诚实；还可以是一个符号或其他事物，比如一条成长曲线、一株被压弯腰的麦穗、一滴水。活出价值观，意味着一个人在能力、行为、身份、使命层面，都很好地践行自己的价值观，专注、自信、创新、诚实，拥有脑海中想象出来的某种状态，比如果实饱满、被压弯腰的麦穗迎着太阳的状态。

活出状态，即员工身心一致地探索并体验到一种"成为"的状态。这可以是在找到价值观后再深入挖掘，使其与内在智慧连接，从中得到启发；也可以是在深度觉察中，探寻到核心价值观，并达到在行为方面做出深刻改变的效果。以下"走专业还是走管理"的教练对话是潜能教练针对员工想要的"成为"状态做深入觉察，激发内在力量的案例。

走专业还是走管理

教练：今天的教练对话结束时，你想要得到一个什么样的结果？

客户：最近我总是在考虑，将来我是走技术专业的路子，还是走管理的路子。

教练：探讨这个话题对你的意义是什么呢？

客户：如果要走技术的路子，技术发展这么快，我想要领头就要一刻也不停地学习，可是我发现自己现在学东西没有读书时那么快了。如果要走管理的路子，其实我不擅长跟人打交道，可是我们老总却很想把我安排在管理岗位上，让我带队伍。我要是想明白了，我就可以选择接受或拒绝。

教练：然后你会有什么不同呢？

客户：我就会变得很专注，不用每天都被这件事情困扰着。

教练：专注带给你更大的价值是什么？

客户：工作会有效率，每天活得很"一心一意"，我是很享受这种感觉的。

教练：那今天，什么样的结果是能支持到你的？

客户：我想要明确职业发展方向，专注在自己的方向上。

教练：你觉得在职业发展方向上，哪些是你自己可以控制的呢？

客户：（停顿片刻）其实我未必能设计好职业发展方向，也不可能完全照着我想的那样发展我的职业。未来的不确定性还是很大的，但是我想让自己专注在真正感兴趣的事情上。

教练：你不止一次地提到专注。在你真的专注时，你留意到自己是什么样的吗？

客户：很平静，做事效率很高，什么都影响不了我。

教练：你现在能感受到那份平静和一心一意吗？

客户：能感受到。

教练：你此刻觉得自己能做的、想做的事情是什么？

客户：我能做的就是保持这样的专注，完成手头的项目，其他的都不是东想西想就能解决的。

教练：对于之前你说的是选择专业的路子还是管理的路子，现在你有什么新的发现？

客户：其实，我突然觉得我想多了。这不是一个非此即彼的选择，如果真有一天让我做选择，或许我可以带领一个真正的技术团队，既可以继续研究技术，又可以带着大家一起干，干出点事情。关键是现在要能专注地投入，有锻炼，才知道自己真正能干什么。

教练：看来你有了一个新的答案。

客户：是的。

教练：你觉得你的收获是什么呢？

客户：我没想到能更加专注，这是我非常喜欢的一种感觉。此外，我还找到了让自己在忙碌中恢复专注的办法。谢谢教练。

潜能教练必须总是可以抓住关键线索，支持员工深入地觉察，与内在的潜意识对话，真正拥有价值观指引下的身心一致的思考，从而激发他们突破困境，做出符合当下实际情况的理智选择。

三、通过对立面激发力量

有的员工有"轴"劲，特别是在钻牛角尖时，基本不听不同的意见，忽略与周围人的关系。他们会被认为缺乏沟通能力、单线程思维、协作困难等。潜能教练提供教练对话，让他们看到不熟悉的一面、自己也不知道的一面，甚至是一些看似矛盾的对立面，或是他们自己也不愿承认的事实，激发他们系统地分析问题，客观地面对现实，以更好地调试自己。

有的员工在刚开始接触潜能教练时，对在价值观、身份、愿景等层面的教练探索不太习惯，他们会直接说：

> 教练，我喜欢实际的，我不太相信这些虚的。帮助我找到目前存在的问题，分析清楚这个问题是怎么产生的，以后我可以怎么解决问题，这样就很好。

教练对话激发员工内驱力的魔力在于：教练不是以自己的观察和判断直接指导、要求员工的，而是通过由提问和聆听组成的沟通，支持他们解读自我，既看到内在的价值渴求、自我认知局限、可能存在的限制性信念等内在情况，也看到所处的环境、系统，并做出最符合当下，又符合长远目标的决定。与直接指出员工的问题、局限性和主观上存在的自我限制性相比，潜能教练让员工自己意识到问题，并做出调整是更有效、更持久的，后续相应的改变举措和行动计划会更加富有承诺度和可落地性。以下"我的时间不够用"就是鼓励并激发员工自主管理，用价值观引导时间分配的一个例子。

我的时间不够用

员工带来的话题是"时间不够用"。潜能教练可以用一个优先项排序的2×2平面矩阵，邀请员工把他认为的重要且紧急、重要却不紧急、不重要且不紧急、不重要却紧急的事情（可以是一天内，也可以是一周内）分别填进去，然后询问：

- 你如此安排这些事情的依据是什么？
- 你注意到实际执行的顺序与安排的顺序有什么差别？
- 你注意到有哪些是需要调整的？
- 你注意到你自己有什么样的安排时间的习惯？
- 怎样才能让自己成为自己时间的掌控者？
- 什么会影响你的时间管理？
- 你要拥有什么魔法才能让自己真正地管理好时间？
- 对于那么多的客观限制，你可以做的改变是什么？

潜能教练还可以对2×2平面矩阵做变形,加入员工内心的价值追求这一项,然后询问:

- 基于你的价值追求,你会对时间安排做什么调整?
- 基于你的价值追求,你留意到自己最想做的事是什么?
- 基于你的价值追求,优先排序情况如何?
- 从价值的角度来看时间安排,你的时间管理满意度如何?

潜能教练在对话中,有时会觉察到员工前后不一致的地方,或是对自我有相对较高的期望,就需要把这些不一致性、对立面、反差如实地告知他们。以下"想的与做的不一样",就是让员工直面不一致性,自主做出改变的教练对话片段。

想的与做的不一样

教练:你说你想要实现这个目标很久了,可是我看你说这件事的时候,好像没有非常渴望的样子,你的语气甚至有点低落。

员工:被你一说,我也发现了这件事。

教练:我不知道你内心是怎么想的?

员工:我好像很会为自己画一个"大饼",然后就躺在"大饼"上了。

教练:那你觉得接下来应该做什么呢?

员工:我应该行动,把自己画的"大饼"做出来。

教练:什么在影响你行动呢?

员工:我发现自己害怕失败。

教练：在你把内心的害怕说出来的时候，还有什么是你注意到的？

员工：我小时候学习很好，考大学也考得很好，我在学习上一直是领先的。现在，如果要我去做出来自己画的"大饼"，要带一批人去干事业，跟其他团队竞争，还要去争取资源，甚至还要总是跑到领导那里去要资源，我有点不太愿意这么做。

教练：观察到自己是这样的，会暗示你什么呢？

员工：我想我得尝试逼自己一把，在自己画的那么多"大饼"中，至少真正地做出来一个。

教练：你说出来的时候，内心有什么样的感受呢？

员工：有点痛快。只说不做不是我想要的，我喜欢敢想敢做。

教练：那么接下来，我们的谈话该怎样进行？

员工：教练，我接下来想把项目计划书写清楚。

四、鼓舞行动的力量

潜能教练激发员工的行动力，使其在目标的指引下，跳出局限，策划出内心为之振奋的行动计划书，形成不同于以往且更富有创造性和可落地性的解决方案，并对即将要做的事情真正地担负起责任，确保行动计划能落地执行。

首先，潜能教练激发员工脑海中涌现出方案付诸实践并成功的愿景画面，像一个富有超级想象力的愿景家那样，站在未来成功的时间点，并询问：

- 在你的项目方案真正得以成功执行的时候，你会看到什么？听到什么？感受到什么？
- 在这个画面中，你留意到你在哪里？
- 你真正实现的价值是什么？哪些人因你而受益？
- 这个项目方案展现出什么样的价值？

接着，潜能教练像一个实干家那样，帮助员工从未来的角度构思方案，并询问：

- 这个方案由哪几个部分组成？
- 这几个组成部分之间的关系是什么样的？
- 在你说的这几个组成部分中，你设计的是哪一部分？在这一部分中，又有些什么？
- 这个方案怎样才能真正地执行起来？
- 哪些关键里程碑是你设立的？
- 谁来负责这些关键部分？
- 你估计这个方案的时间周期是多久？

然后，潜能教练从底线思维的角度，像忠实的朋友一样，帮助员工对方案做整体扫描，并询问：

- 你觉得哪些事项可能被你遗漏了？
- 过程中你可能会碰到哪些障碍？你如何克服它们？
- 对这个方案，还有哪些是要补充完善的？

最后，潜能教练提高员工的行动承诺度，促成员工负责任地落实它，并询问：

- 你计划的第一步是什么?
- 你何时启动计划?
- 哪些人要参与进来?
- 哪些工作是你需要提前考虑的?
- 你对完成这个项目的承诺度有多高?
- 假如碰到一些没有提前想到的困难,你怎么办?
- 所有这些工作如何影响着你未来的那个愿景画面?
- 为更好地确保行动落实,你会对自己说什么?

五、三分钟偶遇也能激发动力

在咖啡吧、电梯间、去食堂的路上、会议休息的片刻,潜能教练的简短对话如何展开?

简短对话大致分成四个部分。图5-1为偶遇的简短对话流程。

感知 ➡ 聚焦 ➡ 探寻 ➡ 激发

图5-1 偶遇的简短对话流程

第一步,潜能教练用心来感知对方的情绪和能量状态,建立交流的基础。

潜能教练关注当下,把注意力完全聚焦于眼前这个人,对出现在面前、需要关心和关注的人用心。潜能教练发自内心的关心、关注和好奇会直接"告知"对方，不需做过多说明。每一个人先天就具有感知对方情绪的能力，从眼神、身体语言等中捕捉信息，而这就是连接的起点。

当然，潜能教练并非要如同探长那样警惕，这会让对方不安。感知是指直接感受、用"感官的智慧"去感受，不需要做任何的分析、判断与推理，仅仅是感受此刻面前的人的整体状态。

在这样的关注下，潜能教练能感受到，此刻对方是否愿意、是否需要与自己进行几句简单的交流。

第一步只需30秒。每一个人都有能力去完整地感受另一个人。能把这种能力用出来，需要先有意识地培养这种能力，然后要主动地练习。潜能教练要不做过滤，要心无杂念地理解、感受一个人，如同自己是一件透明容器。

第二步，聚焦于一件重要的事情。

潜能教练可以询问，以了解对方的近况：
- 最近在忙什么呢？
- 最近发生了什么？
- 最近有什么有意思的事？

回答的可能是一件事情，也可能是很多件事。因为每个人思考及表述的方式都不同，而不同的表述内容反映出人的思维结构、想要传递信息的重心的不同。潜能教练只需聆听，全然接受即可，不要轻易打断。

如果员工只说了一件对他来说重要的事情，潜能教练就可以直接提出下一个问题。如果员工说了很多件事情，潜能教练需要再有个过渡或者铺垫，以帮助后续的对话更好地聚焦。潜能教练可以这么问：

- 哦，看来发生了很多事情，那么在这些事情中，你最在意的是哪件事情？
- 听起来真是千头万绪，那你的主要精力聚焦于哪里？

对所有人来说，最关注、最在意的事往往与价值观、驱动力最为相关。有了这样的过渡，潜能教练就能把偶遇时的"聊天"聚焦在一件对员工来说重要的事情上。

第三步，找到办事人的驱动力或能量状态。

最可持续的做事状态是富有激情和动力，享受并投入的状态。员工如果有动力但是不享受，那么持续工作的动力可能只是迫于外界的压力；如果很享受但始终没有采取进一步的行动，可能是处于一种相对自满的状态。

在偶遇时的一次对话中，潜能教练如果想要帮助员工激发出行动的动力或增加享受度，可以继续提问：

- 你有多大的激情去完成这件事情？
- 你有多大的动力指数去完成这项工作？1~10分的话，它是几分？
- 你在多大程度上享受做这件事情？
- 你感觉到自己对此有多大的投入度？
- 如果拿手机屏幕上的电量显示打比方的话，你目前显示的电量是多少？

教练对话涉及对情绪、能量开展工作。潜能教练要保持中立、心无杂念的教练状态，从帮助自己和员工同时建立起对情绪和能量的觉察开始；注意发问语气，不是质疑和怀疑，也没有嘉许和表扬，只是充满好奇地关心受教练者表述背后的情绪或能量，提供给员工一个自我观察的机会，并留意、觉察情绪或能量的变化，同时对当下的情绪或能量做度量[1]（程度打分）。

每一个人对同一件事情有不同的理解，必然有不同的情绪表达和能量爆发情况。有人会说："我的情绪很高昂，像一个小灯泡一样，始终'亮'着。"有人会说："我的情绪有70%吧，很高了。"有人会说："要说享受做这件事很难，但这是我必须去做的。"有人会说："每一次碰到困难，我的火苗就被浇灭了。"此刻，深度聆听就是高质量的沟通。潜能教练在中立状态中，允许员工表达感受，千万不要打断，同时既不要帮助分析情绪是怎么

---

[1] 度量是教练对话中常用的一个小技巧，常用于对程度进行打分。0分代表起点，10分代表满分。

产生的，也不要根据自己的设想，引导情绪到一个自认为正确的方向上去。

要做到这样很不容易。这是因为潜能教练既然很关心对方，而对方说的内容又是自己关注的重点，难免会离开中立的教练位置，急着给答案、提意见。这时候，最重要的是有自我觉察，然后马上回到中立的位置，继续聆听对方，感知情绪。

第四步，帮助激发驱动力，提升能量。

潜能教练觉察到对方的激情（或动力）、享受程度（或投入度），因此后续的对话就从激情（或动力）、享受（或投入）两个方向展开，潜能教练可以问：

- 需要什么才能更好地激励你？
- 怎样才能提升你的动力指数呢？
- 这件事情最打动你的是什么？
- 如果你真的把这件事情干成了会怎么样？
- 你需要跨越什么障碍才能更有动力？

潜能教练激发员工动力，不能只在外在要素上下狠劲，要像剥洋葱一样，进行层层深入的探索，直到找到最柔软而有力之处——价值观。以下就是一名科技创新行业的员工，需要转入一个新的技术领域，主动提出一个名为"如何迎接新的挑战"的话题，由教练深挖背后的驱动力的案例。

如何迎接新的挑战

教练直接问:"转型为什么对你很重要?"

员工脱口而出:"能涨工资啊。"

教练再追问:"除了涨工资,那对你而言还有什么很重要?"

员工回答:"我会有持续的成长,更加适应企业的发展节奏。"

每个人都在自己喜欢或擅长的事情上投入很多,并且乐此不疲。那怎么在变化中迎接持续的挑战并能享受其中?潜能教练在对话中支持员工发展成长型思维,使其对未曾了解的自我潜能保持一份好奇心,向未知和不确定性保持全然开放的态度,允许失败,允许在刚开始的时候做得不那么完美,激发出享受与投入的状态。

这些碎片化的偶遇式沟通,表面上看是为了员工,其实是有益于管理者和组织的。管理者与员工共同塑造组织文化。

激活团队潜能,创造性达成目标

潜能教练以一对多的方式开展团队教练(一般不超过12人),支持团队成员优势互补,互相激发,形成合力,从而建立从愿景、使命到策略、行动的统一共识与力量。团队潜能激发模式,尤其适用于知识型、创新型、科研型团队,因为激发团队潜能可以把优秀的球员组成一个完美的团队,让拥有不同特点与禀赋的员工共创共享,达成团队目标。

潜能教练激发团队潜能与召开会议的最大不同是：潜能教练不是单向传递要求，也不是与团队无交互，更不是说向他们提过要求，就算达成共识，而是所有人围绕主题相互碰撞与激发，求同存异以达成共识。与普通团队教练不同的是，潜能教练事先就把议题与成果标准明确，像团队通过共创确定一个共同的愿景一样。与通常的"行动学习"不同的是，教练对话有结构与框架，但没有既定流程，其结果完全取决于团队在共创过程中的内容涌现和深入度。

如果直线经理担任团队的潜能教练，他可以灵活使用两个不同的身份，在需要团队成员共创成果的时候，作为团队一员阐述自己的观点。不同的身份要求潜能教练在对话过程中展现出灵活、自如、信任、开放的状态：有时候投入其中，成为一员；有时候又抽离出来，拥有教练身份，站在另一个层面，拥有系统性的观察视角和思维结构。

一、八步法共绘愿景，共创使命

创新九死一生，科研久久为功，突破之路路阻且长。对创新型团队来说，共识决定了团队开拓创新的方向。团队的使命与愿景让每一个成员都明白要去哪里，为什么要去那里，怎样才能去那里。潜能教练运用八步法，即团队愿景、使命共创流程图（见图5-2），激发团队明晰愿景与使命。

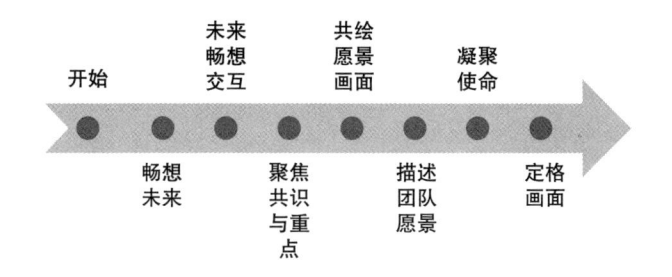

图5-2 团队愿景、使命共创流程图

第一步，开始。

潜能教练宣布主题和设定成果的标准；明确每个成员参与共创的基本要求；询问大家的参与意愿，以及其他的顾虑，并提醒需要注意的事项等。

第二步，畅想未来。

潜能教练让员工思考两个问题。

> 问题1：期望团队在5年后成为一个什么样的团队？用一句话描述。
> 问题2：5年后，如果团队成功，自己会看到什么，听到什么，感受到什么？

潜能教练邀请每一个成员把对看到、听到、感受到的描述中的关键词，分别写在三张便利贴上。

第三步，未来畅想交互。

潜能教练邀请每一位成员到一块白板前，把想要表达的关键内容写在白板上，随后再做分享。其余成员在一旁听，保持尊重、开放与欣赏的态度，不插话、不打断。潜能教练可以问：

> 首先，你认为未来5年团队会发展成什么样？

每一个人都大声地说出自己的答案。潜能教练把每一个人所形容团队的关键词都写在白板上。

潜能教练在每一个人都对第一个问题做出回答后，邀请他们依次回答第二个问题：

> 你会看到、听到、感受到什么？

第四步，聚焦共识与重点。

> 提问：在这么多关于团队未来的关键词中，有哪些是值得聚焦的？又有哪些关键词尽管不值得聚焦，但你在听了分享后，特别有感触并受到启发的？

潜能教练邀请大家讨论，并把关于聚焦的关键词和有触动的关键词都圈出来，或写在一张白纸上。

第五步，共绘愿景画面。

潜能教练邀请团队成员共同画出一幅能展现出这些关于聚焦的关键词和有感触的关键词的画。

创作图画要限时，一般为15～20分钟，把共同看到、听到、感受到的内容在画中表现出来。

第六步，描述团队愿景。

在这个环节，参与者会问怎么描述愿景？潜能教练有两种可选的处理方法：一是事先准备好几个描述愿景与使命的范式；二是邀请团队中十分愿意分享的成员，来阐述什么是愿景、使命。

潜能教练邀请每位成员分享，然后选择一个相对完整的团队愿景表述，将其写在白板上，每位成员以此为基础，提出修改、完善的意见，直到大家都确认可行后，鼓掌予以通过。

第七步，凝聚使命。

  提问：基于我们的共同愿景，我们的使命是什么？

团队集体基于第六步得出的共同愿景来提炼使命的相关内容，并在此基础上一起打磨、完善。

第八步，定格画面。

团队成员一起大声朗读团队愿景和使命的内容，并且集体回想，思考还缺些什么。如果有，就补上，然后用语言描述脑海中的画面，并把画面定格在其中一个特殊的瞬间，使其成为团队共同的图像记忆。

> 其他需要注意的事项包含环境（一个安静的、不受打扰的会议室）、辅料（2~3块白板、便利贴、白纸和笔）、参加人数（10人以内）。

二、三阶梯实现主题聚焦

如果一个项目团队内有若干个子项目团队，子项目团队之间的工作有联系，那么这个项目团队的会议该怎么开？怎样把大家的关注点聚焦在一个共同目标上？如何知道不同的人此刻对于在整体层面解决共性问题，有什么想法？

潜能教练用从无主题到有主题的团队对话方式，即三台阶流程图（见图5-3）来回答这些问题。潜能教练事先不做设定，不以管理者的身份来预设会议要解决的具体问题或达成的目标，而是通过提问、聆听、回放（分为三个台阶、八个步骤），让团队成员对实践中碰到的问题不断地进行梳理，让目标得以澄清，让举措得以共创，让承诺落实。

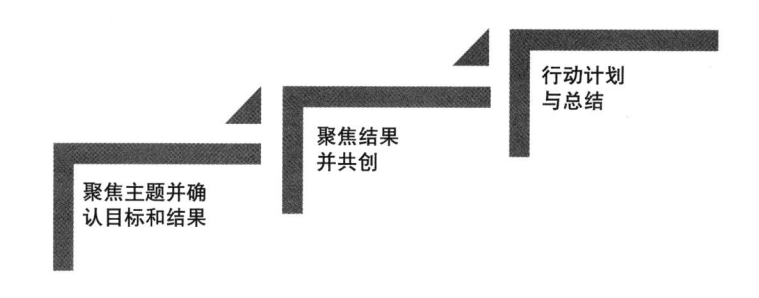

图5-3 三台阶流程图

第一个台阶，聚焦主题并确认目标和结果。

第一步，询问目标。
- 今天我们开研讨会要解决什么问题（或完成什么任务）？

潜能教练一定会发现，对于会议到底要聚焦于什么问题，每一个人的表述都不一样。潜能教练允许大家七嘴八舌地发表意见，同时设定必要的发言规则：在有人表述的时候，其他人不插话，只是聆听。

接着，会上会出现许多个需解决的问题，潜能教练再次询问：
- 最该聚焦于哪个问题？为什么？

在这轮讨论中，每位成员逐一阐述应该聚焦的问题及其背后的真正价值与目的。讨论过程就是聚焦过程，允许核心的问题逐渐呈现，增强团队成员的思考，增进对共识的理解。

第二步，确认目标。
- 在限定时间内（一般限定两小时），我们讨论什么问题最合适？

潜能教练把意见整理后确认要研讨的问题写在白板上。员工如果有不同意见，可再次讨论，直至达成一个共同认可的研讨目标。

第三步，问题反转，确认研讨结果与举证。
- 关于这个问题的讨论最想得到的结果是什么？怎么知道得到了想要的结果？

潜能教练邀请每一个团队成员发言，并把他们表述中的关键词，如实地呈现在白板上。

第二个台阶，聚焦结果并共创。

第四步，明确共创流程。
- 为了达成这个研讨目标，我们怎么展开行动？

潜能教练邀请团队中的智多星参与进来，设计出一个能出成果的具体讨论流程，然后再征求其他人对流程的意见，以形成大家都认可的一个讨论流程。

第五步，遵循设定的讨论流程开展集体共创、输出意见。

每个研讨的流程节点都要纳入成员意见，都需要做整合，以得到一个基本认可的节点成果。接着，潜能教练再依次进入下一个讨论节点。潜能教练要保证研讨时间在事先设定的范围内。

第三个台阶，行动计划与总结。

第六步，确认是否拿到了初定的结果。

第七步，明确行动计划。

计划什么时候开始？采取什么样的措施？具体的行动计划是什么？如何确保计划能落实？

第八步，总结。

总结有什么收获？对直线经理有什么启发？

三、迪士尼策略创造全新解决方案

大多数人在考虑干成一件事情或达成难度系数较高的目标时，习惯于先想有什么样的问题和困难必须面对。这样的前置性思考固然十分理性，但也可能禁锢或限制行动的积极性与创造力。

大型组织的管理体系相对严密，组织职能或流程的力量尤其强大。在变革中，组织如果需要完成一个前所未见的重大项目，比如用全新的思维架构调整业务发展布局、开创全新的市场空间或描绘区域突破路径等，那么这些情况需要团队成员敢想、敢试、敢干，超越庞大而冗长的旧有流程，形成全新的解决方案。管理者假如只是从分析问题、困难入手，往往还没有起步，甚至连目标都没有设定，就止步在流程、节点、困难面前。

怎样才能既理性地看待问题与困难，又有更大的激情和意愿实施变革呢？怎样才能将组织中的问题变成课题，设计出一套思考与行动的流程，让团队成员有参与感，并激发个人和团队的热情和智慧，从而获得成就感？潜能教练把迪士尼策略与行动学习结合起来是一个好方法。

（一）迪士尼策略与行动学习的结合

迪士尼策略[1]适用于对一个具有创新性或挑战意义的项目进行创造性策划，以实现设计目标、明晰路径、明确步骤，并有具体的成果检验标准。迪士尼策略由愿景家、实干家、批评家三个角色来实施，还可以由流程相关方代表共同参与，运用在组织创新课题开发或项目研讨中。团队成员在三个平行空间中担任三个不同的角色，统筹全局，制订有效的策略、行动方案，并充分利用好时间与资源。这个策略能教会团队成员从不同的角度看待同一事

---

1 迪士尼策略来自迪士尼的创始人沃尔特·迪士尼（Walt Disney），指的是他以三个不同的角色开发梦想，并让梦想变成现实的一套方法。罗伯特·迪尔茨（Robert Dilts）借鉴、开发了这种策略，并将其用作教练工具，称之为"迪士尼策略"。

物,让眼界、视野经由角色的切换而得以拓展。

行动学习的引导技术在组织学习与发展中使用比较广泛。行动学习的关键要素是团队、实际问题、流程。引导团队成员解决问题和改善心智的流程和方法各有不同,引导目标各有侧重,引导人员也各有不同。这需要根据主题、参加人员及输出结果的要求进行灵活调整,并应用于不同场景和不同项目。

迪士尼策略作为一个工具、一种思维引导方式,旨在挖掘团队成员的潜能和激发创造力。行动学习是一套完整的团队学习流程,旨在帮助团队聚焦于实际问题,在边干边学中解决实际问题。两者都有心理学、脑科学、教育学、行为学的理论背景。两者的结合,就是思维方式与学习流程的结合,既能突破传统思维的束缚,又能群策群力,通过团队学习实现发展与成长,尤其适用于组织面临新的挑战,开展新的规划、新的项目,寻求全新解决方案的情况。

(二)关键步骤

1. 主题界定

通常情况下,迪士尼策略适用于一些新课题、新项目或任务目标的设计与落地实现。在业务部门提交议题时,其往往表现为需要面对或解决的问题,比如:"针对当前业务发展中的困难与瓶颈,提出你们的意见与举措"的潜台词是需要有全新的解决方案;

"结合年度发展战略及当前的竞争态势,讨论确定业务布局"的潜台词是需要重新谋划与全年发展战略相匹配的业务布局。设计者需要将"问题"转换成"课题",其表现为:结果呈现是有目标、有行动计划、有检验标准的;需要采取行动的领域是全新的或者需要创新的。通常主题为:如何通过X达成Y;如何实现Z的发展;如何构建全新的业务布局;如何改变客户获取方式,并提升价值。

2.参与者的角色分配

运用迪士尼策略时,一个议题配一个团队,团队成员以6~8人为宜,不要超过10人。如果涉及组织目标的有两个以上的议题,那么团队可以根据议题再分组,一组团队配一个议题,比如创新业务发展这个主题有6个分组议题,团队就可以分成6组,每组6人。6人依次进入平行的三个角色空间,担任愿景家、实干家、批评家。此外,团队成员必须来自管理层、中层、核心员工层三个层面,还必须来自涉及业务发展的关键部门。

3.设计团队学习的基本原则

平等、开放、倾听、分享是基本原则:平等,即不管参与讨论的学员在企业内部是哪一员工层级,都能自由地发表建议和想法;开放,即打开思路,兼收并蓄地思考;倾听,即如果感觉其他人的意见或想法能产生启发,引发新思考,不打断他人发言,先记录意见再表达;分享,即在同一场域内,能充分发表意见,畅所欲言。

4. 对潜能教练的基本要求

思维层面：把五大素养中的好奇、欣赏、尊重、相信、激发展现出来，运用积极的成长型思维模式，聚焦于渴望达成的成果并进行积极探索、系统性思考，对各种可能性保持开放的态度。

技术层面：熟练运用迪士尼策略，熟练开展三大空间内的角色扮演，熟练运用流程所需要的引导工具，比如沉默书写、头脑风暴、同类推理、2×2决策矩阵等。

状态层面：兼顾教练身份及行动学习催化师身份，并保持中立，同时以迅速的思维判断与引导帮助学员达成目标。

5. 工具导入的说明

潜能教练为确保目标的达成、增强参与者的信心，在工具导入前，要进行必要的说明：

第一，介绍迪士尼策略的来源：它是以沃尔特·迪士尼的名字来命名的。他的团队在呈现一个又一个传奇、美妙、欢乐的故事的过程中，担任愿景家、实干家与批评家三个不同的角色，分别负责畅想性描述故事、策划并落实情节、完善故事。这一做法的目的是提高学员对工具、策略的信任度。

第二，介绍教练在过程中的任务及团队成员在过程中的任务：教练的任务是通过结构化的思维流程引导、帮助团队成员基于议题达成结果；团队成员的任务是不受任何干扰，全身心地投入全流程，充分调用自己的潜能与资源，追求和实现想要的结果。

（三）三个角色空间的设计

1.愿景家空间的角色设计及提问示例

潜能教练引导团队成员进入愿景家角色。愿景家是一个极其富有想象力的角色，他幻想站在高高的山顶上，大千世界的景色在他面前一览无遗；幻想自己事业成功的美妙瞬间，幻想困难化解、实现突破后出现的成功场景。

这要求用正面的词汇描述目标和美好的、可视化的结局。潜能教练运用VAK技术，即视觉（Visual）、听觉（Auditory）、感觉（Kinesthetic）技术，激发成员产生关于视觉形象的深刻体验，引导成员对成功场景中所看到的、听到的、感受到的细节进行描述。

在团队角色描述时，会出现不同的愿景内容，潜能教练需要先圈定其中出现频次最高的关键词，再针对那些有疑问、需要澄清的内容，请团队成员讨论，以达成共识，最后用比较简洁的语言总结小组的共同愿景。

潜能教练可以采取的提问：

- 假如这一切都实现了（比如新业务得到了发展），那将是怎样的场景？

2.实干家空间的角色设计及提问示例

潜能教练引导团队成员进入实干家角色。实干家是一个具有实干精神的角色，主要任务就是通过具体举措使美好愿景落地。实干家会考虑愿景实现过程中的资源、能力、举措等情况，设身处地地从计划实施者的角度思考如何确保计划落地。

潜能教练运用行动学习中的发散与收敛工具（比如讨论式头脑风暴、书写式头脑风暴、2×2决策矩阵等）和教练技术中的时间线、甘特图等工具，激发成员明确实际的举措和路径。

团队成员达成初步的行动共识。行动计划包含重要里程碑、节点、时间、行为等具体要求，而举措则要求有具体的行动步骤，不过行动步骤是短期的。

潜能教练可以采取的提问：
- 现在你是一位实干家，为了实现我们刚才提出的愿景或目标，请你认真思考一下具体的行动计划是什么？

3.批评家空间的角色设计及提问示例

潜能教练引导团队成员进入批评家角色。批评家是一个忠诚的朋友，从利益相关者、客户、竞争对手、合作伙伴等若干个可能影响计划实施或受计划实施影响的人的角度进行思考，思考他们的需求与反应。

潜能教练基于此对实干家的行动举措进行完善，这有利于行动计划的落地。批评家可以运用讨论式头脑风暴、书写式头脑风暴的方式，但要把真正有价值的意见吸纳进来，引导团队成员达成共识。

潜能教练可以采取的提问：
- 批评家是你忠实的朋友，会站在受你计划影响的人及影响你计划实施的人的角度，帮你分析、发现可能存在的障碍或遗漏，帮你进一步完善你的行动计划。他们会提出哪些建议呢？

潜能教练要注意让批评家获得的结果返回到行动家的角色再进行思考，以形成一个闭环，从而确认初期的行动计划是否需要调整。

4.兼顾不同学习风格

潜能教练在考虑迪士尼策略中的三个角色时，要兼顾视觉型、听觉型、感觉型、数字化听觉型四种学习风格的差异，尽可能地选择不同的引导方式，以满足不同类型的需求。比如：书写式头脑风暴能帮助员工独立思考，预防"麦霸"；同类整理能帮助学员快速归类；2×2决策矩阵能帮助员工明确重点与要点；小组讨论、两两讨论、移花接木等能产生思维的启迪和碰撞。

（四）基本框架

40人左右的团队分组分议题研讨或10人左右的团队聚焦议题探讨，均可使用迪士尼策略应用的基本框架（见表5-1）。

表5-1　迪士尼策略应用的基本框架

步骤	内容	输出
1	开场热身，建立亲和度	教练兼催化师的自我定位
2	介绍工具，说明规则	团队成员对工具、方法、学习研讨规则的认同
3	澄清议题，了解团队对议题成果达成的清晰度	对研讨成果达成共识，对要达成成果的行动计划清晰度按1～10分进行个人打分
4	进入愿景家空间，开展愿景或目标共识的讨论	输出共同愿景
5	收口	回放、强化
6	进入实干家空间	输出具体行动计划，大型项目包含里程碑、关键节点、近期具体行动步骤、资源配置等。元素较多的话，可以使用时间线、甘特图、2×2决策矩阵等工具排序
7	收口	回放、达成共识
8	进入批评家空间	输出可能遗留的、来自相关者的影响分析
9	收口	回放、确定需要带入实干家空间的建议
10	返回实干家空间	将步骤9的成果带入步骤7，以进行完善
11	返回愿景家空间	将完善后的步骤7成果带入步骤4，以进行确认
12	验证团队对议题达成的清晰度	对行动计划的清晰度按1～10分打分，再进行个人打分
13	探讨价值回顾	每人研讨价值
14	庆贺团队成功	共同庆贺

（五）关键点引导

1. 导入教练基本原则

由于很多团队成员都停留在问题状态，调用内心潜能的能力和自信心不足。在开场时，潜能教练一定要让每个成员意识到人是有潜能的，能随时随地调用自身潜能，并通过团队的共同学习，做出最适合当下的决策。

2. 明确团队学习规则

潜能教练明确良好的团队学习规则，营造轻松、安全、活跃的学习流，确保人人平等、人人思考、人人参与、人人贡献。

3. 愿景引导中的VAK技术

不同思维方式的成员对使用VAK技术的反应不同，潜能教练可以分层开展提问：先看、后听、最后问感觉。一个问题问完，有了结果后，潜能教练再接着问下一个问题，中间要有停顿，不能连珠炮般地提问，让团队成员有思考并畅想的空隙。完成对所有问题的描述后，集体分享，互相激发。

4. 便利贴上墙引导

一张便利贴上写一个观点，但不能所有的便利贴都上墙。在此过程中，潜能教练要去除重复观点，让不同观点都能上墙。

5. 三个空间顺序与倒回

员工进入每个空间，按照顺序完成角色畅想后，要回过头来再走一遍。对于来自批评家的建议，潜能教练一定要在实干家层面进行逐条落实，否则会影响愿景的清晰度。

四、创造新机制、新流程的研讨坊

组织为实现快速突破，需要在内部组建小型的创新创业团队。新团队需要打破旧有的运营规则，跨越边界，而这需要重新设计出一套能高效发挥支撑作用的新流程、新机制。一套完整的创新机制与流程工作坊设计案及机制与流程创新的工作坊流程（见表5-2），不仅可运用于企业内部的创新创业团队，还适用于创业型公司。

创新机制与流程工作坊设计案

一、工作坊目标
对团队共创达成共识，围绕如何更好地支持与保障小团队运作，形成配套机制及行动计划。
二、参加人员（20人左右，分成3组）
1. 产品团队（3~4个团队，每个团队2~3人，负责人及主要成员）

2. 人力部（3人，负责人、招聘及考核等相关人员）

3. 财务部（3人，负责人、预算及评估等相关人员）

4. 办公室（3人，负责人、综合支撑等相关人员）

5. 公司管理层（总经理、小团队及分管职能部门的副总经理）

三、工作坊时间

一天

四、工作坊流程设计（预计360分钟，总时长及各模块的时间可灵活设定）

表5-2　机制与流程创新的工作坊流程

序号	模块	步骤	时间（分钟）	结果	形式（工具）
1.1	导入	简单介绍工作坊的目的。提问：1.对本次工作坊的期待是什么？2.具体输出成果有什么要求	10	1.目的 2.目标 3.具体结果输出要求	教练互动提问的方式：先邀请团队分享，然后整合成团队一致的目标和具体输出成果要求
1.2	规则说明	1.聚焦目标共创的学习 2.平等、开放、尊重、倾听、分享。人人积极参与；团队的负责人最后发言，尤其在投票时；时间观念 3.书写 4.书写结果电子文档化的基本要求	15	本次工作坊守则	团队成员写上本次研讨成功的要素，达成一致，每人分享，并上墙

续表

序号	模块	步骤	时间（分钟）	结果	形式（工具）
2.1	小团队运作的认同导入	1.邀请总经理谈谈为什么要开展小团队运作、小团队运作与公司现在和未来的关系 2.邀请部分成员分享他们对小团队运作的认识（分两层：已经获得的进步；假如能再有什么，会更好）	30	1.小团队运作的必要性与重要性、价值 2.输入对小团队运作的认知	1.个人分享（15分钟） 2.导入认知模式中常见的盲点（15分钟）
2.2	支持与保障对小团队运作的重要性	提问： 1.为小团队提供支持和保障，对公司来说意味着什么 2.能做好对小团队运营发展的支持和保障，能给公司发展带来什么	20	1.重要性达成共识 2.价值认同达成共识	1.小组内部研讨并达成一致（10分钟） 2.每组上台分享（5分钟） 3.达成共识（5分钟）
3.1	外部经验导入	1.HRBP及企业实践 2.实施HRBP的一般规律 3.财务BP及企业实践 4.实施财务BP的一般规律	15	导入HRBP及财务BP概念，提升对HRBP和财务BP的理解	事先可以有必要的专业知识输入。过程中邀请团队成员做讲解（15分钟）

续表

序号	模块	步骤	时间（分钟）	结果	形式（工具）
3.2	目标澄清	提问：小团队运作得到了支持与保障的理想模式是什么样的	40	1.确定对小团队提供支持与保障的理想模式 2.达成共识	1.小组成员描述小团队理想运作模式：看、听、感觉（15分钟） 2.小组集体讨论，确定理想模式（10分钟） 3.小组分享（10分钟） 4.全体达成共识（5分钟）
3.3	任务澄清	提问：我们提供什么样的保障与支持，才能实现这个理想模式（人、财、物等方面的任务）	60	1.分类式明确需要提供的支撑与保障 2.达成共识	1.小组成员思考，写方案，每人不超过5条（5分钟） 2.小组集体讨论，引导师用列名法指导讨论（15分钟） 3.小组上台分享，其余组补充（30分钟） 4.达成共识（10分钟）

续表

序号	模块	步骤	时间（分钟）	结果	形式（工具）
3.4	行动方案	提问：为了实现这个模式，履行上述任务时，我们该如何做	75	1.明确实现任务的具体行动计划（含举措、衡量标准） 2.达成共识	1.小组认领 2.小组成员写方案（5分钟） 3.小组集体讨论，形成具体行动方案（含举措、衡量标准） 4.集体分享，其他组提出完善性建议（30分钟）
3.5	障碍突破	提问： 1.有哪些障碍与挑战是需要我们去面对的？ 2.行动方案做怎样的修订与完善	25	1.梳理可能出现的障碍与挑战 2.完善行动方案	1.小组讨论，提出两个可能出现的障碍与挑战（5分钟） 2.小组讨论以对行动计划做完善（10分钟） 3.集体分享，达成共识（10分钟）

续表

序号	模块	步骤	时间（分钟）	结果	形式（工具）
3.6	评价标准	提问： 1.如何评价提供给小团队的支持和保障服务？ 2.有哪些主要评价标准	20	1.确定小团队支持和保障体系运作的评价标准	1.小组集体讨论，并达成一致意见（5分钟） 2.分组分享并互相补充（10分钟） 3.投票选定评价标准（5分钟）
4.1	总结	公司领导做总结	20	1.总结 2.行动承诺	1.邀请学员谈参加工作坊的体会（5分钟） 2.公司领导做工作坊总结（15分钟）

第六章
教练式绩效反馈：发展员工能力，助力组织目标

绩效反馈挖掘能力、激发动力，助力目标对齐

绩效反馈让绩效管理不流于形式。绩效反馈直抵人心，可以让员工的行为、能力、价值追求、内在动力与组织想要达成的目标，不断地互动、对齐、强化，从而实现凝聚人心，共同达成组织目标。

一、教练式绩效反馈的四维结构

绩效管理包含绩效目标设定、过程跟踪、结果评价以及绩效反馈四部分。其中，绩效反馈是最重要的一环，没有绩效反馈的绩效管理，不再关注人的能力持续增长与发展，也忽视产生价值的主体——人，从而失去了绩效管理最根本的目的。

大型组织通常都有比较完备的绩效管理体系，然而有体系，却未必有执行和成果；有绩效评价，却没有绩效反馈。比如：某人本月绩效最优秀，何以最优秀？后续还有哪些提升空间？其他人绩效排名靠后的原因是什么？如何进步？这些都需要提供绩效反馈。

潜能教练开展教练式绩效反馈分为四层结构与十二个步骤，具体表现为教练式绩效反馈四维结构图（见图6-1）。

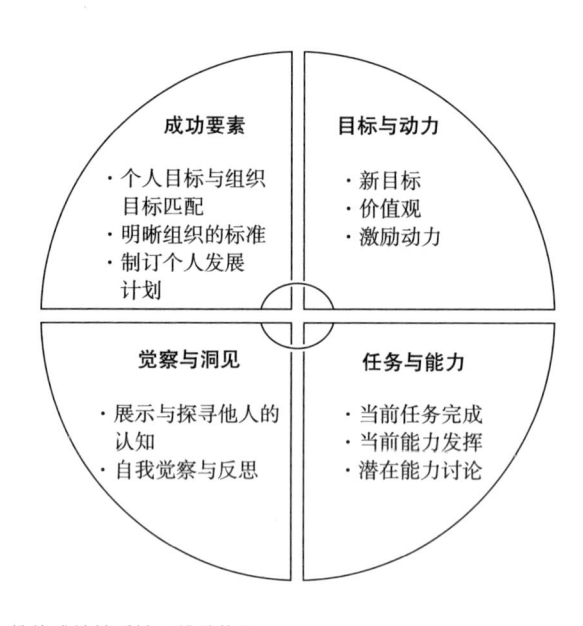

成功要素
· 个人目标与组织目标匹配
· 明晰组织的标准
· 制订个人发展计划

目标与动力
· 新目标
· 价值观
· 激励动力

觉察与洞见
· 展示与探寻他人的认知
· 自我觉察与反思

任务与能力
· 当前任务完成
· 当前能力发挥
· 潜在能力讨论

图6-1 教练式绩效反馈四维结构图

二、第一层：关注行为，挖掘能力

在这层，潜能教练把握一个内在原理：每一个行为的展现与成效都与人的能力有关,其中必有员工自我认可并期待发挥的能力,以及他们自己也不知道的能力。

第一步,工作整体回顾。

潜能教练邀请员工描述本季度(或本月)重点工作完成情况,包含做了什么,达到什么效果。

第二步,盘点个人能力发展情况。

潜能教练请员工讲述在本季度(或本月)的工作过程中,自身有哪些能力得到了应用和发展,最好能举例说明。

员工对照工作目标,自我评价目前相对欠缺且需要培养、发展的能力,有哪些自认为是优势但目前还没有机会在工作中得以体现的能力。

潜能教练在员工完成第一、第二步后,教练对话从提问、倾听模式切换到陈述、反馈模式。

第三步,管理者反馈。

潜能教练对员工自我评价的内容进行反馈,包含:认同员工哪些部分的自我评价,补充员工在自我评价中遗漏的部分。在这个部分所做的补充,主要是反馈管理者认可的内容。通过反馈要传递的意图是，刻意推动员工培养自我评价的习惯与能力，支持员工学会在工作进程中看见自己。

三、第二层：澄清目标，激发动力

在这层，潜能教练要把握一个内在原理：每一个人都渴求达成目标，每一个人的内在都有潜能和积极正向的动机，这是支持他们达成目标的源泉，需要得到挖掘。

第四步，目标完成检视。

潜能教练邀请员工回答：
- 过去一个季度（或月）设定的工作目标是什么？
- 这个目标的完成情况如何？
- 对比目标达成情况，个人有什么思考？可以带到后续工作中的是什么？

第五步，后续计划。

潜能教练邀请员工谈谈：
- 自我设定的后续工作目标是什么？
- 为什么实现这个目标如此重要？

连续两个步骤都是关于目标的提问：前者关注过去，后者关注未来，意在鼓励员工立足当下，自主设定新的高目标。它们也能帮助管理者知道，目标是否对员工有挑战性与激励作用，员工内在的价值追求是什么，可能的激励因子是什么，什么激励着他们的持续投入。

潜能教练在完成第四、第五步后，再次从提问、倾听模式切换到陈述、反馈模式。

第六步，管理者反馈。

潜能教练此刻给出真实而真诚的反馈。反馈包括工作目标本身与价值观两个部分。工作目标部分可以加入管理者的理解与建议，帮助员工丰富对目标的理解；价值观部分事实上也是员工的激励因子，管理者只需就价值观词汇做简单回放即可。

四、第三层：一致性校验，达成共识

在这一层，潜能教练要把握一个内在原理：每一个人内心都住着一个英雄，没有一个人不期待能为团队或群体做出贡献并获得认可，人类天生就渴求群体归属感。

第七步，目标一致性自我检验。

潜能教练邀请员工谈谈，如何理解个人目标与团队目标之间的关系。这个部分的提问需要把握内在逻辑且灵活、适当，可以这样展开：

- 你知道我们的整体目标是什么？
- 如何看待你自己设定的工作目标与整体目标之间的关系？
- 你认为组织期待你在工作中发挥什么作用？
- 你觉得你的工作如何支持着团队目标的实现？

第八步，目标一致性校准。

潜能教练灵活地从提问与倾听，转为陈述式反馈。潜能教练就员工对个人目标与组织目标关系的理解做出回应，并阐述管理者的观点，以帮助员工正确梳理个人工作目标与组织目标之间的关系。管理者在反馈时可以问以下问题：

- 管理者自身所理解的组织目标是什么？
- 你所在的团队或单元如何更好地支持组织目标的达成？
- 为了达成整体目标，你认为或建议需要在员工的个人目标和计划中增加什么？

以上这些反馈，都需要管理者自己想清楚并讲清楚，以让员工能听懂并能接受。

第九步，个人计划重新设定并达成共识。

这个步骤可以让员工经过一致性理解与校准后，再次明晰、丰富个人目标、计划，以确保这个目标与计划是潜能教练和员工均认可的目标和计划。如果恰逢季度绩效反馈是在年末，员工可以增加后续的个人发展计划一项。个人发展计划着重强调对于要实现的新目标,有哪些能力需要在来年持续发挥作用,有哪些能力需要得到培养,具体要做些什么,有哪些达成目标的策略及需要管理者提供哪些成长支持等。

五、第四层:多维度认知,找差距和机会

在这一层,潜能教练把握一个内在原理:每一个人都可能有盲点,无人例外。我们需要得到真实而真诚的反馈,以便更好地理解自己、发展自己,处理好自己与周围人的关系。

第十步,自我觉察。

潜能教练邀请员工谈谈在工作中对自己的发现是什么,那些被他们自己认可的优势、期待发展的能力、内在的深层次动机等是什么。这个部分讨论的范围可以宽泛一点,潜能教练只要抛出引子,让他们自主发现即可。

第十一步,提供管理者与组织中其他人的反馈。

此部分应加入管理者的观察结果与反馈,以及日常收集到的来自团队其他成员的反馈。这些反馈仅作为参考意见,不作为绩效评价的依据,也无须强行要求员工一定要照单全收。潜能教练能做到的是,尽可能地让反馈精准并真诚地传达出去。反馈越精准,对员工、对工作的理解越有帮助,员工也越能担负起支持自己成长的责任。潜能教练永远不要期待一次绩效反馈就能解决所有问题，绩效反馈要贯穿管理者带领队伍、完成工作任务的全过程。

第十二步，收获总结。

潜能教练邀请员工对绩效反馈做收获总结，并在结束时，再次征询员工的意见，可以问：
- 我们今天的绩效反馈如何？
- 后续需要我如何支持你的工作与成长？
- 有什么意见或建议可以给到我？

潜能教练只要真心诚意地期待收到来自员工的建议，都能在这个环节收获惊喜和感动。潜能教练如果能有心记录连贯开展的绩效反馈的相关内容，还能总揽每一名员工的变化与成长。

触碰盲点，对绩效差距做反馈

组织会持续设定高质量目标，因此团队与个人无一例外会面临目标值与实现值的差距。这些差距有的是因为系统、环境、流程等因素，有的是因为人的能力、态度与行为。有的管理者习惯点评肯定的方面，对绩效考核不理想、工作产出有差距的员工做反馈时会有点发怵，然后一带而过。成为潜能教练后，管理者直面绩效差距做反馈，带队伍时会更显与众不同且有实效。

一、支持员工看到真实的自己

员工会在潜能教练作为管理者为其反馈绩效差距时,同步有自己的观察和思考。他们会一边听着,接受反馈的信息,一边用自己的价值观与判断原则进行理解并判断。有时候,他们的语言让潜能教练能觉察到他们是否真的听进去了;也有时候,他们在言语上是接受的态度,然而各种肢体语言都在表明他们对此不以为然,甚至不屑一顾;甚至还会用辩解、沉默、抱怨等做回应。口头上的表现大抵如下:嗯,是啊,一语点醒了我;你没有了解事情的真实情况,更没有懂我,只是在批评我。这些场景,相信每一位管理者应该都有遇见过。

反馈的目的是提供一面镜子,以帮助员工"看到自己"。人只有看到自己,才可能生成调整的决心。而现实往往是这样:人常常会希望"被看到",觉得"被看到"是一种认可。同时,通常人都希望"被看到"的是自己已然呈现、自认为优秀的一面。然而,每个人都有局限性,我们"能看到"的自己往往是不完整的。管理者直面绩效差距的沟通,更多的是在员工自我认知的盲区,就盲点开展工作。在日常工作中能留意到盲点,会影响绩效达成。

曾经给笔者帮助、让笔者直面差距的反馈的一个实例是"被反馈语速快"。

被反馈语速快

笔者以前语速非常快（当然，在此之前，笔者从未意识到自己的语速是快的，也未曾意识到别人是没有办法快速跟上的）。有一天，我的领导对我说："讲话是要让听的人能听懂你说的话。一般来说，脑子聪明的人总是语速特别快，可是别人未必能脑子转得快。如果没有人跟上你的语速，话就白说了。在我看来，你可能是属于脑子聪明的人。可是你有没有留意一下听你讲话的那些人？留意他们是否听懂了？下一次，你试着讲得稍微慢些，并且留心那些听的人，看看效果怎么样。"

那一刻我突然领悟到：原来指出缺点还可以用这种"表扬"的方式。走上管理岗位后，我明白这样的反馈属于汉堡包式的反馈：先肯定，然后指出具体行为中的问题，最后再给予建议与鼓励。

像吃汉堡包一样，员工必须要快速消化、吸收反馈。除此之外，非常直接、严肃的差距反馈，能让人一直谨记着，印象深刻。第二个实例"真正担负起管理者的责任"是直接的批评。

真正担负起管理者的责任

刚走上管理岗位时，在一个非常重要的场合，台下坐着的都是企业的高端客户，而笔者部门的一名员工出现掉链子的情况，一上场就紧张得忘了该说什么。事后回到办公室，我的领导就非常严肃地对我说："你怎么能做出这样的安排？每一个触点，每一次呈现，都会影响客户的感受，影响客户对企业的感知。下属出现怯场的情况是正常的，但也说明你的辅导还不到位，没有做轻重之分。你要分清场合，对整体交付能力有预判。有些场合是不适合练兵的，该你自己上场就要上场。想锻炼员工的出发点是好的，但效果不好就是直线经理的责任。我们要把最好的一面呈现给客户，这是对客户最起码的尊重。"

当时的我非常委屈，一个劲地为自己做解释和说明。领导接着说："我给你指出来，是因为你现在开始带队伍了，要对结果负责。你要懂得谋篇布局，分清楚孰轻孰重。创造机会要分场合，面向客户时要提交能代表我们企业高品质的产品，这是我们的责任。"

在从"直线经理的责任"变为"我们的责任"的那一刻，我理解了要求，明白了"责任"的具体体现。责任不只是KPI，责任也不只是交付一场培训。管理者的责任是通过有效的管理动作，帮助组织赢得客户的信任，创造更多的价值。

在管理岗位时间久了，越来越体会到这个反馈带给我最有力量的结果是管理格局。任何一项具体工作，都需要放在整体大局中审视。客户是至高无上的，每个细节都要体现出对客户的尊重。一名成熟的管理者，不仅能为员工创造锻炼、成长的机会，对结果负起责任，还能确保组织的整体目标与形象。

两个反馈例子就风格而言，确实分属两端：一个是不经意间的轻松调侃，另一个是严肃、认真且郑重其事；一个是鼓励式的，另一个是指导型的；一个是立即能改正的，另一个则值得反复回味并有警示意味；一个是单个行为，另一个是小中见大。但它们有个共同点，都准确地传达了对下属的行为调整意图与要求，并且能被员工接收到，激励员工做出改变，成为永久的鞭策。

二、反馈绩效差距四步骤

反馈绩效差距一般发生在一段固定的时间内，具体分成四个步骤（见图6-2）。

看到业绩差距 → 分析差距内因 → 完善计划 → 征询反馈的意见

图6-2 反馈绩效差距的四步骤

第一，看到业绩差距。潜能教练可以问：

- 业绩实际完成情况与设定的期望值之间的差距是什么？

有些差距可直接量化，比如完成的销售额与设定的销售额目标之间的差距，目前的研发进度与设定的研发进度之间的差距。更多的是不可量化的差距，比如高效处理跨部门的协同与配合。这个时候，管理者需要分析具体的协同事件，找出认为合适的效果和行为表现，并使其与目前的效果和行为表现对比。

第二，分析差距内因。潜能教练可以问：
- 什么在影响着这个差距？

人总是习惯向外寻找造成差距的原因。外部环境与条件确实是影响差距的因素，但也需要员工反躬自省，从内部找差距。同时，管理者需要直接指出观察到的具体行为，以及可能属于当事人自身的内在原因。

第三，完善计划。潜能教练可以问：
- 下一次如何做得更好？

在这个环节，潜能教练可以更多地带入成长型思维，引导员工正视差距，启发他们从中可以学到什么，后续如何提升或者做得更好。在员工完成自我完善和提升的计划后，管理者还可以补充辅导性建议，帮助员工自我管理。

第四，征询反馈的意见。潜能教练可以问：
- 你对这次反馈有什么感受？
- 直线经理如何更好地支持你？

在反馈的最后，管理者征求员工的意见，听取对管理者的意见，并付诸可以实践的行动。

管理者如果不能确定反馈的有效性，可以再询问员工对反馈的意见，还可在后续工作中观察以了解反馈的有效性，不断提高直面差距做反馈的能力。

三、反馈行为差距四步骤

潜能教练反馈日常工作中出现的行为差距，也分成四个步骤（见图6-3）。

具体行为 ➡ 阐明影响 ➡ 解决方法 ➡ 鼓励

图6-3　反馈行为差距的四个步骤

第一，具体行为。

双方可以一起观察、分析事件的发生过程，以及员工在过程中的行为表现，讨论、分析促成这些行为的原因与过程。潜能教练可以直接问：

- 你当时是怎么想的？
- 你的理解是什么？
- 你说了什么？做了什么？

注意：问题一定要有针对性、具体化。

第二，阐明影响。

双方一起观察、讨论此行为带来的影响。潜能教练可以直接问：
- 你观察到大家的反应是什么？
- 你觉得可能带来哪些影响？

管理者需要直言自己观察到的周围的反应、已产生的后果，以及可能带来的其他影响。

第三，解决方法。
- 对此，你有什么打算？

潜能教练可以鼓励员工自己想出处理办法，也可以直接给予建议，建议怎么处理是比较妥当的方法。

第四，鼓励。
- 你从中学到什么？

潜能教练可以鼓励员工积极正向地面对差距或一不小心产生的差错，从中学习如何真正地对自己的成长负责。在"真正担负起管理者的责任"一例中，反馈成功带入了对身份、责任的理解与要求，并升华为"我们共同的身份与责任"，从而激发出下属持续前行的内在力量。

四、反馈无效时的自我反思

明朝有个叫袁了凡的人，写了《了凡四训》一书，其中蕴含着关于修身、齐家的诸多智慧。书中提到"失言失人，当反吾智"，这是他从《论语·卫灵公》中得到的智慧。"可与言而不与之言，失人；不可与之言而与之言，失言。"其大意是：可以与某人交谈却不与他交谈，就失去了可以交往的人；不可与某人交谈却和他交谈，是说话不得当。言外之意就是与人相处，应当在合适的时候，指点、提醒别人。你如果对不该规劝的人进行规劝和对该规劝的人没有规劝，就应当反省自己的智慧了。

借鉴古人智慧可知，管人理事确实需要持续反馈。很多时候，我们容易一厢情愿地觉得，自己是出于好心，想要帮助别人而这么说。可是，反馈与建议是否真的能起到帮助的作用，取决于接收反馈和建议的人。反馈和建议的场合、表述的方式以及内容，甚至语境，都会影响传达信息的有效性和接收程度。

帮助员工在工作中成长是管理者的主要任务。管理者想要在工作中不断地通过完成业绩来培养与发展员工的能力，要让绩效差距反馈具有针对性、有效性，并能成为员工转变和调整的动力。当觉察到反馈没有效果的时候，管理者不妨在每天的自我觉察时做一个自我对话，问自己：

- 当时是如何反馈的？
- 对方的表现是什么？
- 观察到有什么效果吗？
- 下一次如何反馈会更有效果？

员工是一个个活生生的、富有创造力的有机体。成为潜能教练的管理者直面差距做反馈，理性、有效同时其所传递的尊重、信任、真诚、激发都能被员工感知到。尽管这些算不上什么大事，但对于管人理事是挺有必要的。

走出失败、卡壳等负面状态

人在面对失败、卡壳等情况时，最需要的不是安慰和指导，更不是鼓励，而是能从那个卡住自己的框子中跳出来。能激励我们的只有我们自己，潜能教练只是创造条件，帮助员工跳脱出来，以旁观者的视角让员工留意到自己，帮助他把情绪干扰淡化、消散，或是转化为积极正面的情绪（当然，这里所说的情绪并不是心理疾病类的，潜能教练不是心理医生，不具备治疗心理疾病的专业能力）。员工在完成自我化解、与一段不舒服的负面状态"分手"后，会有新的学习和成长。

一、转为旁观者，摆脱干扰

员工工作出错或卡壳时，最怕直线经理没搞清楚事情的来龙去脉，就先入为主，事先有判断，轻易下结论。人受单一角色的主导和情绪影响，被多种交互信息缠绕时，可能产生不周全的事先假设，这会阻碍形成相对客观的见解或准确观点，甚至会为了支持某个见解或观点刻意找相应的依据，以支持已有的结论。

潜能教练对员工做反馈时需要客观，从事件中抽离出来，整体地看一个相对完整的事实。事件现象本身并非事实，潜能教练要通过事件弄清楚事实，要就事件做阐述，就事实做分析。重要的是事实而不是事件，而事实包含目标、问题、过程与结果。

员工也期待管理者做反馈。模棱两可、似是而非的反馈，会让员工养成"揣摩"的习惯。管理者的思维建立在可知论的基础上，做出基于组织的既定标准的判断，同时意识到任何认知与判断都是阶段性的，而实践能发现并纠正认知偏差，让前一秒的认识通过后续实践得以丰富。

1.帮助员工理清楚，关注事情是如何发生的

在出错的时候，关注事情是如何发生的，远比问"你这么做的理由是什么""这是谁的错""你怎么会犯这个错误"更有事实依据。

潜能教练可以这么问：
- 我感觉到你有点受挫了。能说说，这件事情是怎么发生的吗？
- 你刚才描述了事情的经过，那么这个过程中有哪些关键节点？这些关键节点又是怎么发生的？
- 你刚才描述了事情的发生过程，自己对此有什么样的思考？
- 你觉得在整个过程中，有哪些地方可以在后续做得更好？

提问引发的互动让反馈更有效。潜能教练通过提问，邀请员工描述一件事情的发生过程，实际上是在帮助员工做适度抽离，转入

旁观者的角色，跳脱出来看事件发生的经过，这可以带来情绪、认识、空间上的转化。

人的思维运作分为"上堆"与"下切"两种。"上堆"容易形成概念性思维而忽视细节；"下切"时，思维与语言的表达相对细碎，整体连贯性方面比较弱。所谓的抓关键，是要在整体中抓主要与具体，是"上堆"与"下切"共同起作用。用提问做反馈，关注事件是如何发生的，在思维运作上属于"下切"。把一件笼而统之的事情一步步还原，有助于切入关键信息，理解产生最终结果的关键因素。

描述发生过程和关键节点，能厘清事实，掌握更多的信息，让管理者的反馈更有完整性与针对性。越是遇到棘手的问题，管理者越要摁住自己忍不住蹭蹭冒上来的"火焰"；越是复杂的问题，管理者越不要急着给指导意见、给答案。用提问创造互动性反馈，描述事件，可以让管理者与员工共同探究事实，提升工作素养。

2.帮助员工拓展思维，实现有跨度与延伸的理解

员工在工作中遇到卡壳了，潜能教练可以这么问：
- 你希望在项目成功的时候，能收获什么？（提问的用意是看未来）
- 之前你碰到类似困难时，是用什么办法解决的呢？（提问的用意是暗示调用过去的资源）

- 这是一个新的情况、新的挑战，你可以做点什么不一样的事情来实现突破呢？（提问的用意是暗示立足现在，做一点小突破）

管理者帮助员工转换视角，从更多的角度来看待一件事，从而建立起理解事实的整体感，比如引导员工跳出自身岗位，从企业内外部的其他角色的视角看工作。潜能教练可以问：

- 假如你是总经理，如何理解这件事？希望实现的目标是什么？
- 假如你就是客户，事情得到怎样的结果是最满意的？
- 假如你现在就从技术岗位走向业务岗位，你觉得做这件事的真正价值是什么？
- 综合如上角色，你觉得关键是什么？

人与人之间最大的差别是思维方式与质量的差别。当管理者真正把握住一件事情的关键，通过互动式反馈辅导员工做自主观察、思考时，实则是在帮助员工建立并发展成长型思维，激发他们从新的角度拓展思维、获取信息，并经由审慎思考做出选择和判断。

管理者千万不要以为，自己做互动式反馈只是在帮助员工，其实还是通过建立一种新型的与员工互动的反馈方式帮助自己，毕竟管理者也有可能局限在固有视野和思维中。管理者在管理场景中与员工开展互动式反馈，能得到未曾考虑过的角度，触及未曾思考过的层面，甚至在重复多次的反馈中，持续积累来自员工层面的信息，强化了对组织实际运营的第一手资料的深度理解。

二、从低落情绪中走出来

谁都有情绪低落的时候，但人又有很强的自愈能力：有时只要有一个安静的空间，过几天就能恢复；有时需要花些时间才能走出来。管理者要把员工真正地装在心里，习惯于去关注、关心他们。当习惯在做事的同时把注意力放在员工的身上，管理者就会走入工作场域，从员工工作的模样、服饰、发型、眼神中，感受到情绪与能量的状态，并做出判断：什么时候提供什么样的反馈与干预是合适的。一般来说，传递好消息比坏消息容易些，但那些听起来不怎么好的消息更需要管理者第一时间做反馈。管理者有责任为员工的成长提供作为"环境"的一部分的态度和思考，并通过及时反馈，了解他们的真实想法，随后一起探讨出后续努力的方向。

所有与处理情绪有关的反馈，最好能面对面地开展，便于管理者发现并理解那些超越语言本身，隐含其中却没有被表达出来的信息。

1.摁下暂停键，邀请员工观察情绪，并为情绪命名

潜能教练可以尝试着这么表达：
- 看来你确实经历了很多，此刻你的感受怎样？
- 如果可以为这个感受命名的话，它叫什么？

潜能教练要邀请员工说出自己的感受，然后为感受命名。看到情绪，才可以面对情绪。此外，人在情绪低落时，都需要有一个安

全的"容器",能盛放情绪,从而允许情绪慢慢地流淌出来或是瞬间爆发出来。成为潜能教练的管理者,就如同一个容器,给出足够包容、安全且安静的空间,让员工把情绪释放出来。

2.表达此刻你的感受,包括你在这个过程中的观察

真诚与关心是第一位的。当你展现出百分之百的真诚与关心时,对方能感受到。潜能教练要相信员工能从挫折中走出来,获得新的成长。潜能教练如实地反馈自己的感受,分析事实、阐明观点。潜能教练的真诚、关心会与冷静、理智结合,并真实地展现出来。这个环节足以体现人性魅力与管理智慧的结合。

3.邀请员工分享听完反馈后的感受

此刻是交换感受与互相理解的重要时刻。管理者已经成为潜能教练,所以全神贯注地展现整体聆听,并且能感受到对方情绪的前后变化,对他来说已是习惯。潜能教练可能没法做到一次反馈就带给员工彻底的改变,但只要能带走哪怕是1%的负面情绪,就已经很好了,因为这意味着这个口子已被打开,然后会如同火山喷发一样,情绪爆发直至消失。时间带给人的成长很神奇。

4.面向未来总结

潜能教练依然需要邀请员工自己去做总结,把通过磨砺得到的收获带向未来。潜能教练可以问:

- 你后续有什么打算？
- 从中你学到了如何让自己学习和成长吗？
- 假如这种情绪就是一份礼物，你从中学到了什么？

三、保护自信又避免自负

潜能教练当然希望员工队伍是自信的，同时需要明白的是，有的自信可能建立在"无知无畏"上，而这样的自信在面对那些有特定时限要求、对质量要求极高的工作任务时，需要增加成事的底气，以减少因为事先认知不足、考虑不周而带来的盲目。潜能教练通过反馈帮助员工在自信中迎接更多的挑战，可以这样开展互动式反馈：

- 接下来你打算怎么干呢？
- 在这么干的过程中，你自己最有把握的是哪些方面呢？
- 对于设定的目标，如果这么干的话你有多大的把握？要增加什么才能有更大的把握呢？
- 目前你对完成这个项目的信心有多大？

当员工已有8分以上的信心时，潜能教练不妨用提问来提高信心指数。以下菜单式问题很管用：

- 你如何确保这个项目能真正完成？
- 你都做了哪些应对可能出现的困难的方案？
- 还有哪些是没有考虑周到的？
- 你如何把已经积累的优势持续地发挥出来？
- 你的保底策略都有哪些？

管人理事如同弹奏一段优美的乐章，高低音、黑白键、和弦、踏板都要一起使用。如果潜能教练发自内心地信任员工，真诚地关心并相信他们的成长自带独特的节奏，那么这些反馈会成为员工成长路上的礼物。有能力把反馈传递给员工，并为他们所接受，是管理者的荣幸。没有员工，何来管理者呢？

为反馈主动寻求反馈

潜能教练给员工做反馈关乎自身体验及彼此间的互动体验，且反馈的有效性需要在员工身上得到验证。可潜能教练如何知道反馈是有效的呢？潜能教练可以从当时对方回应的语言及态度中得到确认，或是一段时间后的行为与绩效表现让潜能教练感受到效果，此外还有什么呢？似乎求证反馈的有效性比较难。

反馈会生成员工后续的行动和结果。为反馈寻求反馈，可以帮助潜能教练对当下反馈是否有效做出基本判断，了解所想传递的信息被理解或被过滤的程度，及时修正可能存在的偏差。

主动寻求反馈不是为了证明自己的正确，而是为了了解反馈是否真的能被对方所理解和接受，信息抵达的程度有多少，以便校准管理者的觉察，或完善有针对性的潜能激发与赋能的内容，从而促进有效的反馈。这类似于开展学习有效性的四层评估，其目的并不只是证明学习赋能的价值，更是对学习有效性的审慎性观察，并评估赋能的内容及针对性学习解决方案，对目标达成起到辅助作用。只是学习有效性评估是在方案执行了一段时间后做评估，而管理者为自己的反馈主动寻求反馈，属于在反馈的同时完成对反馈的评估，以此检验反馈的被接受度、有效性、可落地执行性。它可以防范自己觉得很在理，却看不到落实效果，又把原因简单地归结为队伍的执行力的问题。

潜能教练注重员工在教练过程得到学习与成长，而为反馈主动寻求反馈也让潜能教练通过给予反馈再次得到学习和成长。这确实成了潜能教练与员工共同的学习。

一、找谁合适

潜能教练所带领的团队的成员，都是有必要去直接寻求反馈的人，还可以向周围其他人主动寻求反馈。略需留意的是，职场中总有人，让人感觉特别有信任感，也有人让你不愿去靠近，后者会因一件事而整体性地评价你，而这免不了以偏概全，甚至把自己的心理镜像投射在你身上，从而做评判等，我们姑且把这些视作"傲慢与偏见"的陷阱。列举这些也是为了提醒我们自己，谨慎反馈，让反馈更多聚焦在事情和可见行为上，而不是因为对某个行为的理解或判断而产生对人的整体性评价。

潜能教练在刚开始勇敢地迈出第一步的时候，一定要寻找那些真正信任自己，能理解并尊重自己的人去主动寻求反馈，这是对自己勇敢尝试的支持，是为自己的成长找到一个安全的空间。

如果对方给予的反馈对你有帮助，而你也做出了改变，那么你在感觉到自己的行为有了改变或有了效果后,再加一个闭环动作让自己更有成长。你可以问下对方:"你感觉到我的变化了吗?"如果对方说"有",那就意味着,对方真的相信你变了。这样做对巩固后续动作有帮助。估计刚开始时有点难,但如果你找到一个反馈点试试,效果会明显。

潜能教练不但可以在一对一的辅导反馈时主动寻求反馈,而且在一对多的场景下也可以主动征询反馈,甚至在布置完工作后,还可以主动征询反馈。此外,并非任何反馈都需要主动征求反馈,布置后续工作或对员工成长、发展比较重要的反馈,需要主动征询反馈,比如绩效反馈、员工个人年度发展计划的反馈、重点项目或工作进展的反馈等。面对一些新的内容和概念、新领域的工作安排等,管理者自身需要进一步学习与思考,比如项目进展跟踪管理、新方案策划等。管理者如果从员工的回应中感觉到对信息的理解错位了,那么首先要做的是澄清与补充,可以这么说:

- 听起来我好像没有把我的意思表达清楚,接着你刚才说的,我想再补充下。

然后,管理者就可以接着问:

- 你看我这样说,是不是讲清楚了?

二、主动寻求反馈的六个步骤

主动寻求反馈要调用潜能教练的三个基本能力:提问、聆听、促进行动与承诺。主动寻求反馈的六个步骤(见图6-4)可供参考

（用时5分钟左右）。

询问　倾听　思考　感谢　回应　鼓励并促进行动

图6-4　主动寻求反馈的六个步骤

1. 询问

潜能教练询问员工对自己的反馈有什么反馈时，要带着尊重与诚意去询问，可以这么问：
- 你能对我的反馈也给予一点反馈吗？
- 这是第一次给你做反馈，为了帮助我以后更好地反馈，你能说说对今天的反馈有什么意见吗？

潜能教练千万不要沉醉在对方说"很好"这样的反馈中，需要再追问下：
- 接下来，你有什么新的想法或行动？
- 你觉得对你最有帮助的是什么？
- 你希望我后续再做些什么以更好地支持你？

2. 倾听

潜能教练听对方说的是什么，是如何说的，不需要做评论，让员工感受到你询问反馈时的尊重与诚意即可。这时，他们会鼓起勇气，尝试着说一些内心真实的想法。潜能教练千万不要打断他们，否则会让他们不由自主地联想到：其中是不是有你的什么判断或意见在？后面的内容可能就不再是他们真实的想法。所以，潜能教练一旦完成了提问，就马上闭嘴，让员工把话说完后再做回应。潜能教练不求能做到完全的"听话听音"，但要听得完整，并在聆听过程中了解员工对反馈的理解程度与真实的接受度。潜能教练通过对方所做的反馈，去了解自己所给予的反馈是否被理解、被接受。此刻还需要动用直觉去发挥作用。

3.思考

潜能教练可以认真思考下员工所给予的反馈，琢磨其中有哪些部分是有用的，哪些是难以理解的，并考虑如何给出更加具体的解释及回应。潜能教练要避免出现过激的反应或受情绪影响的思考。假如得到的反馈出乎意料，且与自己的反馈有差距，潜能教练需要调整下自己的情绪，尤其是可能存在的负面情绪或过激情绪。情商管理也包含敏锐地感知并调整自己的情绪。潜能教练在听到反馈，做出回应前，先让自己有3秒钟的停顿，去感知情绪的变化，从而支持自己理智地思考并回应。

4.感谢

潜能教练在回应前，先要感谢员工对自己的反馈做出了反馈。毕竟让员工真实地说出想法，也是管理者检验对方的打开程度和认知能力的一种手段。在员工看来，就管理者的反馈而做反馈，有一点挑战性。发自内心的感谢，能让他们化解担心。除了用简单的语言来表达发自内心的接受与认可，还有很多方式可以表示感谢，但重要的是能更加有针对性地回应，会更真实、友好。

5. 回应

回应的内容针对员工的反馈。潜能教练如果在思考后意识到，目前从员工所反馈的信息来看，自己想要传达的意图、内容还不能特别准确地被理解，就要做必要的澄清和说明。当然，还会出现员工向潜能教练反馈时，潜能教练也不太能理解，也需要请对方帮助自己理解是什么意思的情况。这是彼此澄清的过程。通过回应，让反馈的有效性在现场就得到确认，从而促进沟通效率与效果的提升。

6. 鼓励并促进行动

事实上通过前面五个步骤，管理者与员工创造了新内容：给予反馈以反馈；员工认真思考并吸纳反馈中的建议；互动创造新的可能；后续的行动计划是充分沟通后的新计划，超越单方面的思考。管理者可以再次跟员工简单确认后续的行动目标与计划，并询问：有什么是需要提供进一步的支持的？当然，这仍然需要慷慨的鼓励。不过，简洁的表达即可，一个微笑，一个手势，只要发自内心，对方都能感觉到。

高效管理必含信息沟通、反馈的理解一致性。信息损耗确实容易发生在沟通中，发生在接收者其实并未完全理解，而发送者想当然地以为对方已经且应该理解的交流节点中。魔鬼确实存在于细节之中，而这细节就是增加"为反馈主动征求反馈并促进行动"，以支持管理者在人际互动中提升管理效能。

"为师者是被超越的存在"，是一部电影的台词，不知你听后有什么感想？管理者存在的理由与价值，就是帮助队伍成长，帮助组织达成目标。当管理者在工作中带着主动意识，为反馈寻求反馈时，意味着开启了新的自我成长探索之旅：允许自己不那么完美，从员工给予的反馈中照见自己；允许自己一边反馈一边调整，提供自我一种新的可能；允许他人参与并支持自我成长，检验自己的初心与行为在信息传递中的一致性、准确性。潜能教练最深刻的内涵就是拥有一种可以创造更多可能性的终身学习成长思维并自主行动，当他们主动为自己的反馈寻求反馈时，不单单是在激发员工，也是以员工为镜，照见并提升自己管人理事的能力。

第七章
培养传承：让下属成为真正的管理者

支持新晋管理者实现成长跨越

激发新晋管理者的潜能非常重要。潜能教练把注意力聚焦于这个特殊群体，让他们成为能激发团队与员工潜能的管理者，这既包含着提升他们的自我效能感，使其能在高目标的挑战和压力下持续地开展创造性工作，也包含着激发下属员工的潜能，从而完成组织目标。

一、新晋管理者的窘境

这是一个"准备好管事，但还没有准备好管人"的管理者群体。他们中绝大部分人在专业岗位上表现优秀，从而受组织任命，成功晋升为团队负责人。

在转到管理岗后的两年内，都属于新晋管理者。为新晋管理者设计100天的培训项目，一定不是指走上管理岗位后的100天，因为在转到管理岗后的100天内，他们只是建立了基本的管理框架。在同一个组织内，新晋管理者大概需要两年左右的时间，才能经历相对完整的管理情景考验。

此外，越来越多的企业在不同发展阶段根据业务发展的需要，建立柔性组织，组建虚拟团队，引入虚拟团队项目化运营模式。其中，虚拟团队负责人担任跨部门团队协调工作的负责人，他们尽管不属于特定的组织架构，如若担负起相应的团队管理职责，也可列入新晋管理者的范畴。

细心观察这些新晋管理者，你会发现他们或多或少面临如下窘境：
- 不知道如何沟通才能真正奏效；
- 自己觉得做了沟通，而事实上却没有达到基本的沟通效果；
- 不知道如何平行协调；
- 不知道哪些人该同步共享哪些关键信息；
- 不知道如何让别人干活，并给予必要的、及时的协助；
- 不知道怎样把人和事（目标任务）组织在一起，从而在工作中有效地培养、发展人才；
- 不知道如何让别人信任自己；
- 不知道真正的鼓励与欣赏该如何展现；
- 好不容易在上周激励出某位员工的干劲，这周这位员工又回到老轨道，不知道怎么办；

- 用并不高明的策略去指导原本很有创意的做法，不知道自己在无意中扼杀了创意。

而这么多的"不知道"，并非认知上的"不知道"，而是实践中的做不到或达不到较好的效果。每一位管理者在成长之路上，可能都有这样的经历。

阅读经典图书或参加优质课程的培训，并不能让新晋管理者快速成为一名成熟的管理者。现实中，成长往往取决于实践、反思、迭代，以及能调整到相对稳定状态的速度与质量，或许这才是管理者真正应该学习的能力。

俗话说，事在人为。与专业学习不同，管理学习需要在实践中把人和事（目标任务）结合在一起。新晋管理者除了考虑专业这个单一元素，还需要考虑人为因素，学习如何将人和事结合以产生最佳进展或达到最佳效果。这需要在沟通、协作中，建立管理原则，高效地管理团队以提升能力、改变行为、达成绩效目标。通常说某人有"悟性"，能"悟道"，其中的"道"渗透在日常管理的诸多环节中，需要管理者自我探寻，经由实际的管理活动去领悟并使其成为自己的管理经验。碰壁是自然的，犯错是难免的，自我挫败感在一次次碰壁、犯错中产生也在所难免。学习成长由"行动+反思+迭代+稳定状态+再行动"组成，只有行动才会产生真正的体验，从而让切身之感带来深度反思，进而产生迭代与提升。

二、减少告知，增加提问

（一）自主管理目标

管理者越清楚自己的角色定位和目标，越有利于开展工作。潜能教练不负责设定新晋管理者的工作目标，但负责在教练过程中，通过提问支持他们深入思考岗位目标：

- 你这个岗位的职责是什么？
- 你现在是一个什么样的新角色？
- 你觉得这个角色对你而言意味着什么？
- 你将带领团队完成什么样的目标？
- 你为什么如此努力想要获得这个岗位？
- 你担负着什么样的使命和任务？
- 你为自己设定的目标是什么？
- 对于组织来说，你需要发挥什么样的作用？如何具体体现在日常管理中？
- 你准备交付一份什么样的答卷？

有的管理者直接回答：这个岗位有前途；岗位级别高就意味着得到认可；专业通道上升慢，大家都往管理通道涌，我也只能顺势而为。

在听到类似回答时，潜能教练千万不要就此打住，因为这是一个能提供深入挖掘机会的点。几乎每一个这样的答案背后都有更深层次的"惊喜礼盒"等待打开。潜能教练顺着追问：

- 那现在在这个新岗位上，你更大的追求是什么？
- 新的岗位使你对自己有什么样的期待？你觉得组织对你有什么样的期待？
- 什么是你最想要通过持续努力达成的？
- 你内心真正的动力是什么？
- 在这个岗位上，你最大的热情所在是什么？

这些问题都能支持新晋管理者建立起工作与真实自我、内在真实意图的联系，建立起追求自身发展与组织发展目标之间一致的联系。这些联系提供给他们一个校准的对焦线，使他们在更加宏大的目标背景中来审视自己。

（二）管理关系与情绪

潜能教练支持新晋管理者提升处理关系和管理情绪的能力，让他们在组织中能有觉察地意识到自身与团队成员、外部客户、价值链合作伙伴之间的关系，以及对各种关系的理解、因关系处理而触发的各类情绪。

1.激发信心，创造相互依存的团队文化

团队不仅需要共同目标，还需有相互协作、互相依靠、彼此尊重的团队文化，让每一名员工的优势与能力都能得到发挥。无论直线经理给予的是正向反馈还是负面反馈，在团队中都能被接受和认可，成为团队取得整体性进步的基石。相互依存的团队文化还

涉及跨界，即鼓励、支持员工跨越事先设定的岗位边界，为达成团队或组织目标能在工作中主动、及时地补位和配合。

新晋管理者处理团队关系时会拿捏不准：不敢批评，担心员工挨批后会有情绪；拒绝表扬，担心表扬可能会顾此失彼，与其可能会出现"跷跷板"还不如不表扬；夸大员工某个工作细节上的错误；忽略团队中出现的一些不和谐声音；会误以为如果团队成员之间相互依存，自己就失去了权威与控制权，殊不知这会导致培养不出主动进取、担负责任、勇于承诺的员工。这些情况都很正常。潜能教练支持新晋管理者开展探索，可以问：

- 你想把原团队打造成一个什么样的团队？
- 你在构建团队关系中的优势是什么？发挥了什么作用？
- 你如何安排工作，从而促进团队成员相互依存？
- 你意识到自己做什么对团队成员之间建立相互依存的关系更有帮助？
- 你在团队建设中倾注了自己的什么品质？
- 你和团队成员是什么样的关系？
- 你在这个团队中倡导什么样的沟通方式？
- 你对自己的沟通方式与效果满意吗？其他人对此满意度如何？
- 你有什么方法让自己知道员工的情绪、状态？
- 你主动向员工征询反馈的情况是怎样的？
- 在得到员工的反馈后，你做了什么样的调整呢？

潜能教练甚至还可以富有创意地探寻员工的愿景，激发出他们的觉察能力，这对那些惯用左脑思维的新晋管理者更加有拉升感，也更富有可能性。潜能教练可以问：
- 你看到的最美好的画面是什么样的？
- 当你全身心地沉浸在理想的团队氛围中，你闻到什么气味？
- 你期待在自己带领的团队中，会听到什么？
- 在这个氛围中，你的感受是什么？

2.激发与利益相关方合谐共处

潜能教练可以围绕一些主题做提问，帮助新晋管理者跳出以我为主的单一思维，加入"我们"这个整体视角，更好地与利益相关方展开沟通与合作。潜能教练对此可以提问：
- 你的工作需要得到哪些部门、哪些人的理解和支持？
- 他们对你的工作会有什么样的期待？
- 你会站在什么角度，看待你们之间的合作共处？
- 什么是你们共同的目标？
- 在创造这个共同目标的进程中，你可以贡献的价值是什么？
- 为了这个共同目标，你需要做什么调整？要做哪些准备？
- 可能会有哪些你之前没有碰到过的问题冒出来？你如何解决它们？
- 如果有一个新的视角让你看到你们的关系是"我们"的关系，那么你的觉察是什么？

三、一以贯之的高标准：自我价值驱动

绝大部分的新晋管理者都有强烈的成事意愿和高成就动机，为自己设定高绩效目标并力图达成，但过程中容易出现事与愿违、出师未捷便气馁或是退而求其次的情况。潜能教练永远不要降低对新晋管理者的高标准（含价值标准与工作标准），支持他们持续探索自我价值驱动力，同时为他们匹配极为重要的刻意训练和新能力塑造，并反复强化直至状态相对稳定。

以下是关于塑造新能力的一个对话片段：

> 教练：对于之前你设定的几个需要提升的能力方向，在今天的谈话中，你想聚焦于哪项能力做探索？
> 新晋管理者：我想提高辅导沟通能力。
> 教练：假如你的辅导沟通能力提升了，会有什么不同？
> 新晋管理者：这会提高我们团队的工作效率，还能把团队中的每个人真正地凝聚在一起干事。
> 教练：听起来这对你的团队有帮助，那对你来说意味着什么呢？
> 新晋管理者：我是团队的负责人，这当然能说明我在团队的辅导沟通上，是能力出众的。
> 教练：那在我们这次教练对话结束后，有什么样的谈话结果会让你满意呢？
> 新晋管理者：要是能针对我目前碰到的具体情景，每个情景配上2~3个不同的辅导沟通方法，我会非常满意。在谈话

结束后，我就可以尝试去实际操作。

教练：这是你想要通过今天的探索得到的结果吗？

新晋管理者：是的。

教练：在我们教练结束的时候，你又怎么知道你得到了自己想要的结果呢？

新晋管理者：我感觉特别想要结束后马上就去做，那就是了。

在教练对话开始时，潜能教练就把新晋管理者想要提升的能力确定下来，共同明确教练对话的主题、想要达成的结果，以及判断是否取得谈话成果的标准，此后教练就可以与新晋管理者进入具体的探索流程。

一般在教练对话的过程中，新晋管理者经常会局限在已有的解决方案中，这时教练需要帮助他们转换视角，从意识的表层进入潜意识，在角色、身份、使命、价值观、愿景方面做深度探索与觉察，帮助他们升华价值观，强化工作目标，获取自己也未曾想到并为之兴奋的解决方案。

塑造新能力需要价值自驱。新晋管理者自我管理成长，必须带着最初抱持的信念，刻意磨炼自身的能力，这并不是一件特别容易的事情。有人会走着走着就迷失了方向；有人会忘了自己为什么出发；有人走着走着就没有了继续向前的动力；还有人就进入了"自动导航模式"。此刻，潜能教练要激发他们刻意地带着抽离后的视角进行观察，开展自我复盘，诚实地反思言行，唤醒工作中的自我觉察。潜能教练可以这样提问：

- 你经历了什么样的挑战？如何应对？
- 你完成了什么样的任务？如何完成？
- 从中总结到的经验是什么？
- 什么是你可以带到后续工作中的？
- 你从中反思到了什么？你做了哪些必要的调整？
- 有很多客观的因素在发挥作用，那主观的因素呢？
- 是什么驱动着你去面对挑战？
- 你在这个过程中，最享受的是什么？
- 留意到员工的反馈后，你做了什么样的调整？

潜能教练还可以支持新晋管理者运用一些自我观察的办法，比如：写周报或月报，记录自己和团队都在做些什么；写成长日志，但只给自己看，记录每天发生的事情与心情，并留心每天的成长踪迹中出现了什么东西。

潜能教练把新晋管理者管理自我成长的责任交给他们自己，支持他们建立明确的自我成长支持系统和承诺系统。每次对话快到尾声时，潜能教练要闭环检测他们是否有了能落地的行动计划，能否持续执行计划，如何确保执行。如下提问可以发挥作用：

- 今天谈话结束后，你会去做什么？
- 在你谈到的那么多策略与行动中，你最想做的是什么？
- 你计划什么时候开始真正的行动？
- 如何确保自己的行动计划能落实？
- 什么样的结果让你知道自己的行动举措是有效的？
- 过程中你会碰到什么样的问题或困难？

- 你会为此建立一个什么样的系统来支持行动的达成？
- 你对自己要付诸行动的计划有多高的承诺度？
- 你还有什么犹豫？你能告诉我的是什么？有什么样的办法能支持你？
- 如果你能把行动真正地付诸实践，那会为你的目标达成带来什么？
- 假如你真的能落实好行动计划，会有什么样的成长？未来又会有什么新的可能？

有时候，新晋管理者会向潜能教练提出增加导师辅导的要求。提供导师辅导并非不可以，但一定要清楚的是，导师是以自己的工作、人生经验做指导和辅导，而教练是支持受教练者通过自我学习，发掘潜能，从而更加富有信心和创意地开展工作。两者有严格的区分，并且经由自主探索得到的方案往往更有执行的动力与承诺度。为满足这种需要，在教练结束后，教练再以导师的身份提供辅导，但一定要留意对方在教练过程中的投入度，以防他们只是想要获得现成的答案而配合着完成一次所谓的教练。导师在给建议的时候，每次只给一条，并记得少就是多，还要根据对方接受的程度给予建议。

支持虚拟团队负责人"打怪升级"

组织设立虚拟团队的目的一般有三种：达成业务目标、促进人才成长、兼顾业务目标与人才成长。在以收入、利润率、客户市场占有率等业务指标为主导的组织中，成立虚拟团队会考虑满足培养、锻炼人才的需要，但主要是为了达成业务目标。

虚拟团队负责人被赋予重任：带领团队完成一项超常规的工作任务，形成特定的团队合力，实现必要的流程优化和重构，协调组织内外部的资源，开展利益方期望值管理，拓宽原有的客户服务范畴，开展外部合作，甚至改变组织内价值链关键环节人员的做事方式等，并且在规定时间内达成具体目标。潜能教练支持虚拟团队负责人，需要激发并强化他们的内在信心和智慧，让他们能直面问题与挑战，明晰目标，穿越组织流程，带领团队完成组织设定的新目标。

一、虚拟团队负责人的挑战

组织为保证一定的敏锐度、聚焦点、创新与协作，会选择跨部门组建虚拟团队，以应对超越部门职能的新任务。这样的组织设计事实上已经预埋了虚拟团队在目标、关系、意义与投入等方面所面临的挑战，要求虚拟团队负责人做好应对准备。

（一）明确团队目标

团队是干什么的？要达成什么目标？这是一个反复沟通、取舍、确认的过程。如果组建人没有明确虚拟团队要达成的目标，只是初步确定了虚拟团队的工作方向，那么虚拟团队负责人就有责任与组建人及其所服务的客户沟通，从而确定团队的真正目标，以及最终的成果检验标准。

（二）理清组织关系

对于组织内现有职能、专业的管理模式，以及固化在系统中的流程，虚拟团队需要弄清楚其会给与职能、专业机构并行运作的流程产生的影响——大到如何汇报工作、对谁负责、如何保障涉及项目的资源与费用、上级分派的工作任务该交给项目团队还是部门，小到如何列账支出费用。有时候，虚拟团队项目经理参加一个会议，会在项目和部门两个定位之间来回摇摆。组织需要明确虚拟团队的工作任务、既定时间内的工作目标，明晰项目工作边界，并在系统中明确资源配置。

（三）达成意义共识

虚拟团队对自身重要性及必要性的理解，往往与组织期待的理想值有差距。即使是通过竞聘、自主报名等方式产生的项目经理、项目组成员，也会对虚拟团队存在的重要性与必要性产生理解偏差，给后续的共识达成和工作的持续开展埋下隐患。

根据观察，团队教练、团队会议、团队共创、高层管理者参与的会议指导、项目需求访谈、集体讨论等方式，能较好地支持团队成员对自身重要性及必要性达成一定程度的共识。这是一个不同认知反复碰撞、交流的过程。组织中的中高层领导、虚拟团队负责人在其中起着重要作用，虚拟团队成员所属部门的直线经理也能起到支持与帮助的作用。

(四)保证成员投入度

员工或是被"点名"要求加入虚拟团队,或是自主报名加入,会有不同的期待,免不了"心挂两头"——既要回应执行常规考核的直线经理,也要回应在项目结束时给予最终评定的虚拟团队负责人。而在工作任务产生冲突时,大多数成员会听从部门直线经理的安排。

现实中往往是绩优员工有更多被部门和项目所需要的机会,时间久了,则越能干越多干,越多干越能干,因此"打酱油"的成员自然而然就出现了。这就对虚拟团队负责人开展分布式、模块化管理工作的能力提出挑战,对团队整体效率也提出挑战。

二、从五个方面支持找准定位

在每一个团队面临挑战时,最需要直面问题的就是团队负责人。潜能教练支持虚拟团队负责人学习五门"功课"。

(一)目标与行动

虚拟团队负责人在起步阶段要梳理清楚团队整体目标及阶段性工作目标,以及如何能真正实现目标。目标来自不同的利益方,且目标的实现都涉及组织内外部的多方资源、流程及关键人,头绪繁杂,因此聚焦目标、迈出第一步尤为关键。

（二）流程与资源

仅凭虚拟团队负责人一己之力，根本无法有效协调工作目标与组织现有运作流程之间的关系，也很难快速整合所需资源。在大型组织中，很多虚拟团队负责人的长期痛点是：难以穿越本组织到客户端的全流程，整合各类资源，同时符合不同团队、组织的做事规矩，高效如期地满足客户的需求。

（三）角色与定位

什么是团队工作职责的边界？哪些是虚拟团队负责人的职责？哪些是虚拟团队负责人力所不能及的？要真正地成为一名虚拟团队负责人，必然会遇上这些挑战。

（四）能力与团队

虚拟团队负责人自身的专业能力如何应对新任务已然是一个挑战，同时，即便是成熟的产品经理、项目经理，依然有着关于如何在工作中带领团队成长的困惑。让虚拟团队像真正的团队那样齐心协力，专业地向客户交付成果，快速满足需求甚至超过客户的期望值，这不是一件容易的事情。相比直线经理在团队管理中要担负100%的管理职能，虚拟团队负责人至少要担负70%。

（五）责任与使命

被组织任命的虚拟团队负责人，刚起步时通常很难在内心真正生出对团队工作目标的理解和使之达成的渴望。促使他们担负起责任的，更多的是来自外部（比如领导）的信任等，这就意味着他们可能缺少对自己做出高标准、高要求的深层次内驱力，习惯性地以外在认可或领导满意度为唯一驱动力。想要在困难与挑战面前长期积极乐观、富有创造力地开展工作，需要挖掘内在的使命驱动力。

三、能力升级：突破五个挑战

虚拟团队负责人需要对结果负责，同时要相对独立地应对过程中遇到的各项挑战。他们必然在破解一些根本性问题的过程中实现成长。比如：如何看待自身？看待团队？如何看待自身、团队与组织的关系？如何清晰且坚定地意识到团队的使命、责任、目标，以及要付诸的行动？

（一）来自体系的挑战：体系是否认可虚拟团队负责人的价值，明确其在工作中的地位

这个挑战的卡点主要是虚拟团队负责人与组织的关系。事实上，体系是否认可虚拟团队负责人的价值，刚开始时并不是由他自己所能控制并决定的。"有作为才有地位。"在成果达成后，这个虚拟团队的价值才开始在组织层面凸显。这个卡点，恰恰是潜能教

练要在过程中帮助虚拟团队负责人突破，进行赋能的起始值。虚拟团队负责人所能自主决定的，就是全力以赴地做好工作，并在内心构建一个理性的认知处理系统，确认自己的独特身份、角色定位，并处理好自身与体系的关系。以下提问可以支持到虚拟团队负责人：

- 你认为自己目前的角色定位是什么？
- 你需要发挥什么样的作用，才能更好地发挥你的角色、定位？
- 你认为组织体系期待你发挥什么样的作用？
- 在目前体系中，什么在制约着你更好地发挥作用？
- 你如果希望突破的话，希望能从哪里突破？
- 你觉得面对这个体系时，在哪些方面你是可以做出尝试的？
- 那些目前还不能由你决定，同时与工作相关的，你打算如何面对？

你不要小看这些问题，如果能抽出时间就"体系对虚拟团队负责人价值的认可"这一主题做对话，或许会有意想不到的效果。前三个问题帮助他们明晰角色定位，理解组织要求。潜能教练通过提问与虚拟团队负责人交互，了解眼前这位虚拟团队负责人对于角色定位的理解是否清晰、准确，是否需要帮助做进一步的澄清、引导或必要的纠偏。后四个问题思考并解决的是，目前系统中有哪些卡点，是否需要通过管理制度、流程的设计、创新甚至重构去解决问题。如果通过调查研究积累了一定的教练样本量，了解具体工作，那么从虚拟团队负责人口中得到的信息，可以成为后续改进管理工作的信息来源和决策依据。

（二）明晰、树立目标，确立信心，建立必要的底线

帮助虚拟团队负责人确立目标是潜能教练提供支持与辅导的绝佳场景，即通过合作共创，共同确立一个清楚的目标，激发出虚拟团队负责人的行为承诺度，从而全力以赴完成目标。

潜能教练可以支持虚拟团队负责人在启动工作之初就开展一场教练对话。这样做的好处是支持虚拟团队负责人弄清楚自己的期望是什么，应该对哪些结果负责。明晰目标并非只靠逻辑脑的简单推理，想象力与创造力也要参与其中，帮助虚拟团队负责人理解客户的需求以及需求背后更深层次的内在渴望，同时跳出可能存在的局限，通过幻想自己在更远更宏大的愿景画面中，来设定一个清晰的目标。潜能教练可以通过提问支持探索：

- 客户的需求是什么？客户真正想要的是什么？你怎么确信这就是客户的需求？
- 项目的利益相关方都有谁？他们期待在项目中分别获得什么？
- 你设定的目标是什么？设定目标是从哪些方面来思考的？
- 这个目标的设定主要满足了谁的需求？考虑了哪些利益相关方的需求？
- 你可以增加些什么让这项工作更具创造力？
- 当你真的在带领团队实现这个目标的时候，有哪些利益相关方会受到影响？他们会如何评价你？
- 你作为虚拟团队负责人，在其中真正发挥了什么作用？
- 在成功的时候，你会看到怎样一幅画面出现在你眼前？

- 你认为成功的标志是什么？你能接受的最小价值是什么？
- 你目前对此目标达成的信心有多大？怎样才能让你的信心提高些呢？
- 你考虑了哪些风险因素？你准备如何做？

通过以上探寻，潜能教练支持虚拟团队负责人从多个维度分析、检视需求，帮助他们在多维探索后整合以形成真正的目标，并能将工作目标与虚拟团队负责人的个人承诺关联起来。潜能教练作为管理者也能了解到，眼前的虚拟团队负责人对完成工作任务的思考、理解与准备的程度。更大的好处是，潜能教练能了解他们的信心是否建立在理性分析的基础上，抑或只是凭着一腔热血。仅有一腔热血远不够达成目标，它需要既有大胆设计又有对风险因素的考虑。若虚拟团队负责人能展现出这种审慎的热情和信心，才是达成目标的最佳状态。

（三）如何真正地实现目标（包含路径规划与设计）

一般来说，在虚拟团队负责人能把自己在体系中的角色、定位梳理清楚，明晰目标后，相应的实现路径、里程碑等框架性内容也随之而出。潜能教练对虚拟团队负责人提供支持，主要聚焦于关键里程碑以及那些可能影响计划实施的关键要素，支持虚拟团队负责人创造性地解决问题。在解决问题的过程中，虚拟团队负责人容易遇到两难的情况，即感觉这样做或那样做都可以，但却不知道怎么做才是最佳策略，或者已知各种方案都有风险，就僵在原地而没法继续前进。潜能教练用教练过程支持虚拟团队负责人通过独立思考和主动行动得到历练与成长，推动、激发他们找到适合自己的解决方案，以自主的掌控力去推进项目。对话可通过如下提问逐步展开：

- 你总说自己有困惑，那怎样才能让你不困惑呢？
- 你打算在什么时候完成全部目标？
- 你会为目标的完成设定哪些关键里程碑？在这些关键里程碑中，又有哪些具体的小目标？
- 这些小目标与设定的总目标是什么关系？
- 哪些关键工作任务和关键人员是你现在就必须明确的？
- 你打算用什么方式开展这些工作计划？
- 你打算什么时候、用什么方式正式启动这些工作计划？
- 你还需要为正式启动这些工作计划提前做哪些准备？
- 你觉得有哪些困难因素或者不可控因素，是需要你提前想清楚并做好必要准备的？
- 你打算如何应对这些困难因素或不可控因素？你需要我帮助你做什么？
- 你觉得这样做有困难，或那样做有不确定性时，那怎样才能让你启动这些工作计划呢？你内心最难面对的到底是什么呢？

潜能教练如果正好是虚拟团队负责人的直线经理或汇报领导，在教练对话结束后，还可以提供不同的观察视角以供其参考。管理者假如参与并聚焦智慧在一个全新工作目标的策划与实现路径的设计上，并和虚拟团队负责人都明确阶段性小目标，则便于过程跟踪及指导。同时，潜能教练为配合工作推进，可提前做思想准备：为防范可能存在的风险、破解必然会出现的困难，需要做哪些必要的准备。

（四）如何理清并穿越流程，建立新的做事方式

在大型组织中，穿越流程是所有虚拟团队负责人面临的最大挑战。虚拟团队负责人负责高难度、长流程跨越的项目时，一定特别希望能得到来自组织最高层的重视与支持。

一些资深的管理者会调侃道："教练激发潜能解决不了流程穿越的痛。"确实教练并非万能的，尤其在探索一些非受教练者自身能力所能解决的问题时。但如果通过教练对话了解真正阻碍工作推进的因素，后续就能设计出相应对策，以持续的资源调配、整合来推动问题的解决，也不失为实事求是的工作方式。潜能教练是在一个既定的组织体系内开展工作，了解体系的运作方式，并在力所能及的范围内切实推进工作计划落地，做一些对解决问题有帮助的事情。潜能教练与虚拟团队负责人探讨流程与资源问题，其聚焦的价值就在这里。潜能教练可以这么问：

- 实现这个工作目标的关键价值链都由哪些部分组成？哪些部分在其中会有重要作用？
- 你对这些关键价值链部分能支持目标达成有多大的把握？
- 对此，要怎样才能让你提高胜算？
- 这些部分或这些部门可能会怎么看这个工作任务？如何能让他们更好地支持或参与？
- 你在整个流程中真正能把控并确保的是什么？哪些环节

是你所无法掌控的？你打算怎么办？
- 你觉得要做些什么才能让你对结果的把控力提升一些？
- 目前有哪些资源是你可以使用的？有哪些资源可能被你忽略？
- 你认为目前的流程要做什么样的变化与调整，从而对工作的进展、对满足客户需求的帮助更大些？
- 你觉得在哪些机制或流程中实现突破的话，会更好地帮助组织实现价值最大化？你可以在中间做些什么？
- 是不是有了你说的机制或流程突破，工作就一定能顺利推进了？你可以做的是什么？
- 你觉得我可以帮助你在这个方面做些什么？

这样的互动对话所展现的支持的力量，还能起到一种特殊的效果：帮助虚拟团队负责人把注意力聚焦在自己能解决的问题上，减少不必要的焦虑情绪。

整个组织的持续发展、演进，事实上也来源于组织潜能激发过程的一个个片段中。当虚拟团队负责人的问题得以解决时，原有的组织系统也会因为小小的变化而发生意想不到的变化，组织的场域随即会发生变化。组织发展需要自上而下的顶层设计与自下而上推动问题的解决相结合，进而推动组织系统不断优化、迭代。组织潜能激发的过程也蕴含在组织发展的常态中。那些在大型组织中负责创新型、变革型、探索型工作任务的虚拟团队负责人，在组织中逐渐成为一个知道如何把一件事情做成功的"聪明的叛逆者"，成为一个深谙组织运作之道，同时懂得借势而为的"务实的开拓者"。

（五）如何成为能带领队伍完成任务的优秀虚拟团队负责人

没有完美的个人，但有完美的团队。虚拟团队负责人如果有组建团队的自主权及最后的考核评定权，就为打造团队提供了良好的开端。假如有以下情况出现，都很有可能影响虚拟团队负责人带领出一支优秀的、具有成长潜力的虚拟团队：成员是被事先指派的而不是自行挑选的；负责人在产品管理、项目管理方面是新手；涉及的专业内容来自本人不够了解的领域；自身的工作风格倾向于对事负责，忽视对人的关注等。这就涉及如何在能力层刻意训练虚拟团队负责人带领队伍完成任务。

那些优秀的虚拟团队负责人，通常有以下七个特征。

第一，工作时有推动力与紧迫感：一旦进入工作状态，能传达出推动工作前进的紧迫感；讲话直奔主题，不绕弯；紧迫感与高效率成为风格的一部分。

第二，能迅速、准确地指出问题及其要害：在任务进程中，他们能及时判断问题或卡点在哪里；在会议讨论中，他们喜欢直击要害，高效沟通。

第三，"将军赶路，不撵小兔"，解决问题时思路清晰：排除任何情感因素和琐碎顾虑，专注于目标达成、解决问题，将原因分析清楚并能将其逐个分解、分配给同事。

第四，以事实为依据，用数据做决定：懂得利用数据来识别项目方向，确认项目进度；改善流程从收集并分析数据开始。

第五，做事果断，成事利落：及时向团队收集数据和建议，在团队内部提高信息的流通性；适时向上级部门汇报；用理性的思路与具体的理由支持团队成员。

第六，不一般的判断力：有时靠经验，更多的是直觉与灵感；分寸拿捏准确，清楚何时催促进度、何时向上级汇报、何时要收集信息、何时找个别成员私下交流。上述的五个特点都建立在判断力的基础上。

第七，从我做起、使命必达的态度：从不为自己找借口，为了目标必须克服所有障碍，解决所有问题，一往无前，愈挫愈勇，直到梦想成真。

潜能教练支持虚拟团队负责人把这七个特点设为一组对标要素（也可自行定义），并画出虚拟团队负责人的能力对标平衡轮（见图7-1）做对标管理。

能力对标平衡轮用于核验各项能力，支持虚拟团队负责人有针对性、分阶段地发展特定能力。关于对标管理的提问如下：

- 对"能迅速、准确地指出问题及其要害"这个能力项的满意度打分，自己打几分（十分制）？
- 理想状态是几分？
- 哪些方面是有进步的？
- 哪些是可以更好的？
- 后续可以做什么样的调整？

图7-1 虚拟团队负责人的能力对标平衡轮[1]

（平衡轮分区：紧迫感、问题捕捉、思路清晰、数据说话、……、态度、判断力、果断）

此外，它还可用于虚拟团队负责人的自我管理，或是管理者根据对员工日常工作的观察，给予能力发展方面的反馈。

成为被超越的存在，是存在本身的价值。管理者成为潜能教练，改变工作方式、辅导方式，激发并支持虚拟团队负责人达成目标，

---

1 能力对标平衡轮是潜能教练把平衡轮运用于员工能力发展的一种方法。平衡轮分为6~8个等份，每个等份中写入需要对标的能力项。教练邀请员工对照能力标准做自我评价，分别给出不同自评程度的打分。

既发展别人，也发展自己，进而支持组织整体目标的累进式达成。

如果说这就是潜能激发环的具体体现，那么更深的价值还在于面向组织中的年轻员工进行潜能激发。组织中越来越多的虚拟团队负责人都是由年轻人担任。尽早安排他们在职业发展中承担挑战性工作任务，尽早激发他们的职业潜能，是组织蓄势发展最重要的人才策略。年轻员工顺应时代之需的学习能力、创新思维和创造活力，让组织更显生机与活力。越来越多的年轻员工，期待着在职场中管理者毫无保留地激发他们成长。

企业案例：支持后备队伍能力、业绩双提升

有的组织特别重视业务转型期基层管理者队伍的梯队化培养。它们往往会通过考察来确定一个组群作为后备队伍，设定明确的培养目标，甚至是任用目标，而最终标准是能力、业绩双提升，同时因为有一定的时间紧迫性，会有加速成长方面的要求。这就意味着组织不单单是安排一个后备岗位做放养式培养、锻炼，而是有目的地将潜能教练作为陪伴与激发策略，使其渗透到后备队伍的工作成长中。组织中的人力部门针对培养对象，提出明确的发展目标。被培养者也需要严肃、认真地自我设定发展目标，在短周期内得到能力提升，不过最终的结果需要得到组织内相关人员的认可。潜能教练为被培养者提供教练服务，与其共同探索目标的达成，并对组织提出的目标负责，最终提交教练成果报告做效果评价。

一、"放在抽屉里的后备队伍"有发展需求

发起教练项目的是一家面临新一轮转型的公司。该公司秉持"以人为本"的人才培养理念,努力建设立体化、全方位的人才队伍体系,积极探索、创新人才培养方式,创建了学习型沙龙组织等人才培养模式,并取得了很好的效果。

在与这家公司的项目咨询合作中,该公司的人事经理特意提到公司决策层特别关注队伍的可持续发展,关注如何让"放在抽屉中的后备队伍"能更好更快地成长。"放在抽屉里的后备队伍"这个比喻听起来特别形象。公司有后备队伍名单,是公司高层确定的,但考虑到方方面面的因素,又不能对外公布"后备队伍"的名单,只能将其锁在人事部门的抽屉里。潜能教练向客户介绍并说明"潜能教练是什么,能起到什么作用,有哪些局限,需要组织方如何共同参与"等情况后,该公司总经理决定为"放在抽屉里的后备队伍"提供一对一管理能力提升教练项目。该项目持续进行了20个月,共三期,覆盖25名管理人员。

二、整体解决方案贯穿全过程(共12个步骤)

(一)准备是为了目标

潜能教练设想一下被提拔到新岗位的管理者可能面对的挑战,总体上是如下情况:

- 从专业岗位转到管理岗位后面对的能力挑战。

- 从相对熟悉领域到相对陌生领域面对的信心挑战。
- 离开舒适区后的自我认知挑战。

潜能教练再设想一下部门同时面对的挑战，总体上如下所示：
- 提拔是不是就意味着符合岗位要求了？
- 提拔后如何满足个性化培养的需求？
- 提拔是否就意味着能安全留下呢？
- 怎样缩短对新岗位的适应期？

潜能教练面对这些现实挑战时，前期准备非常必要。通过教练式辅导项目对新晋管理者做培养，组织部门要提前做好以下准备。
- 筛选：选择需要重点培养的岗位与管理者。
- 确认：与公司高层管理者达成对拟培养对象的一致性意见。
- 刻画：确定基本特征，尤其是新晋管理者需要重点发展的能力（来自360度的反馈、工作评估）。
- 意愿征询：说明即将开展的教练式辅导，并征询本人的意愿。
- 物色教练：选择合适并能快速构建亲和力与信任度的专业教练。
- 明确目标：向教练明确提出拟培养人才的基本目标。

同样，新晋管理者在接受教练型培养前，也需要提前做好以下准备。
- 首先是了解：教练是什么？一对一的教练怎么开展？

- 其次是思想准备：与教练有第一次宽频对话[1]，设定整个培养周期的长期目标。
- 时间承诺：每两周一次不受干扰的一小时教练约谈时间。
- 行动承诺：确保自己履行承诺。

（二）12个基本步骤及关键

组织设定的后备队伍一对一教练辅导项目执行全流程（见图7-2），经过多次应用后，可以总结为12个步骤。最关键的流程节点是：确定目标、与组织方确立合作关系、与客户签订保密协议。

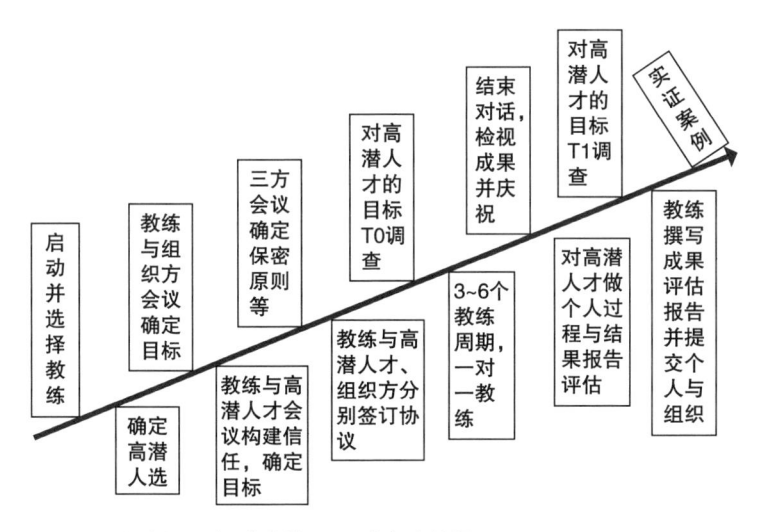

图7-2 后备队伍一对一教练辅导项目执行全流程

---

1 宽频对话也可以理解为宽泛对话。一般在长周期教练项目中，教练与客户第一次见面时，通过对话，明确一个长周期的教练项目要达成的若干方面的目标，以确保后续的教练探索能整体地支持目标达成。

1.确定目标

目标对于由组织部门发起的教练项目非常重要。组织部门对于人才的现状有一个基本的了解，同时向教练提出目标要求，期待通过教练项目能提升人才的能力以及完成重点、难点任务。明晰目标对于新晋管理者也特别重要。他们需要明确在3~6个月的时间内，最终想要收获的教练成果到底是什么。教练与组织部门、受教练者三方事先要有会议或探讨，以明确目标，并达成共识。

公司组织方考虑能力现状和用人需要，设定的主要方向是：缺干部的经营单元需要加快培养后备管理人员；年轻干部能力提升慢，需要优化管理方法论和提升管理水平；激情不足、业绩平平的人员需要提升自我管理意识，提升业绩。公司组织方选取的人员中经营单元占了近50%，平均年龄为35岁，并与教练对每位受教练者的优点、短板和希望提升的方面开展充分沟通。

组织方与教练确定的目标是：围绕素质提升、团队建设和绩效管理三大部分，从信念、心智模式和行为模式入手，重视个体差异，有效提升受教练者正确的愿景与价值观、自发的工作态度以及科学的自我管理、快速行动与有效执行三大能力，大幅提升管理的影响力，促成业绩达成。

2.与组织方确立合作关系

不得不说的是，对于一个有效的、由组织方发起的教练项目，组织方的投入度、专业度和严谨度是项目成功的有力支持。这样的组织方是黄金级别的客户。

在项目开始前，教练与组织方会开一次沟通会。在会上，组织方提供一份详细的人员名单，包含年龄、职务、学历、岗位经历等信息，并逐个说明每个人的优势、工作特点及组织期待在教练过程中能有改变或提升的方面。

同时要说明的是，在教练的整个过程中，组织方信守承诺，没有展开任何多余的动作来影响整个项目的进程，相反还会为每一次谈话提供非常安全的对话环境，合理安排并协调时间，安排顺序。

在项目正式结束前，潜能教练依然会与组织方召开一次沟通会。在沟通会上，教练负责提供评估报告，就事先和客户约定的可以分享的内容，向组织方做反馈。教练的任务是根据组织方自己确定的目标，逐一向组织方做目标实现的可观察、可衡量、可被验证的行为反馈。到此，教练的任务就基本完成了。

教练为检验并发展自身能力，也会请组织方在适当的时候，在不影响他们工作的前提下，向受教练者做意见征集，其包含：教练有没有违背职业道德、是否信守承诺、是否较好地支持了管理能力的提升、思维方式的改变等。

3.与客户签订保密协议

组织方发起的教练同样需要一个安全、可信任的环境。潜能教练明确告知组织方及受教练者：在整个教练过程中，除非本人愿意，否则教练没有任何义务与权利，就教练过程及过程中的任何信息、结果，向任何人做沟通和告知，即使组织方来询问也不做回答。这以保密协议的形式得到落实。

整个教练过程是教练与新晋管理者共同探索潜力激发的美妙过程，是教练把自身以及教练过程、教练关系作为发展工具，并进行全然呈现的过程。

项目得到组织部门的总体评价是：管理人员的能力提升了，业绩提升了，班子建设得更好了，还有人提任到更高的岗位。从管理人员所在的团队和员工那里得到的反馈是："我们感受到被尊重、被信任了！团队战斗力强了！""我们的领导变得能有耐心听我们说，还能用问题启发我们了！"

三、确保长周期教练效果的评估工具及具体应用

评估项目效果，并不只是用于证明教练是否有效。教练需要通过评估来检验过程中各类举措的有效性，为后续发展提供支持。

组织方发起的长期教练项目效果评估表（见表7-1）是笔者根据多个项目的实践情况设计而成。对每一位新晋管理者的评估，均一对

一地开展电话访谈，从他们的直属上级、管理的下属以及开展平行合作的同事处收集反馈意见，从而形成一份完整的评估报告，并提交至公司教练项目的发起者。有趣的是，那些素未谋面的人所给予的诚实且有分寸感的反馈，总能给人带来意外收获并让人感激。

表7-1　组织方发起的长期教练项目效果评估表

总体目标	提升自身工作状态的积极探索	
目标实现情况的自评	起点：自我评价工作状态（激情）的满意度为7分（满分10分），希望教练周期结束时满意度到9分	结束：自我评价工作状态（激情）的满意度为8分（感觉自己刚开始自评时应该是6分，有2分进步）。实现了设定的目标
	起点：关于沟通能力，自我评价6分	结束：自我评价8分。表现为：听到沟通过程中有不同的意见也不会着急，也不会一定想要去说服对方并证明自己是对的，认为别人的观点也有一定的道理。基本实现了目标
教练后的改变	1.养成了新的习惯：列表式计划，每周安排好工作，很简单但很有意义。每天按照计划做事	
	2.与员工沟通不随意了，注意自己的管理者身份	
	3.工作较以往有激情，主动沟通，配合主要负责人做好工作，落实工作更加积极	
	4.有勇气去主动宣泄压力，并且抱持着对组织的信任，主动沟通，而不是在心里揣摩	
	5.原来认为自己很行，一个人就能搞定工作。现在开始将项目型工作，进行系统化思考并设计成可以执行的任务表单，改变了以往单打独斗的行为风格。改变方式后，让相关利益方与责任人，都了解要做的事情，并获取了意想不到的重视和资源支持	
	6.变轻松了，能打开自己，发现以前有些认识都是虚幻。走在自我完善的路上	

续表

	1.原来	2.现在	3.建议	4.自我评价与改进计划
反馈情况	管服务，管客服，管业务	2.1进步了很多。做事情主动了很多。主动关心组织做的事情。磨合、配合比较好。合作愉快	3.1多分管些与外部客户相关的工作内容。在能力上还是可以的。通过具体工作来发挥优点	4.1着眼于当前手上的事情，把手上的事情做出结果来
		2.2工作效率提高了很多。指标也完成了	3.2更加以客户为中心，带头尽力去做。相信领导	4.2沟通方式不像以往。要加强与各方的沟通，要善于把心里想的适当地说出来
		2.3学习能力提高了。发现不管是开会，还是与组织沟通工作，理论性增强，还能传达最新政策		4.3希望无论是从个人发展，还是在工作开展上，都有所改变
		2.4重大项目的协调、沟通比原来好些		4.4加强自我管理，带团队做一些具体的改变，并注意方式、方法以及给他人的感觉
		2.5沟通中思维严谨，考虑的问题多了		4.5养成放轻松的习惯，做人不要太紧了，不要想太多

评估表由四个部分组成：

（一）总体目标

在第一次教练对话的时候，教练和受教练者、组织方三方一起共同明确总体目标。过程中目标可以根据受教练者的要求而做调整，这是被允许的。

（二）目标实现情况的自评

它分为起点值与结束值两个部分。对于与状态相关的目标，潜能教练设计出以满意度为考量标准的数值指标。结果是在完成最后一次教练后，请受教练者自行对整体教练过程做自我评估，以报告的形式呈现。在撰写自我评估报告的时候，潜能教练依然需要明确，该报告只适用于对本次教练过程的跟踪，不作为绩效评定、选人用人的依据。

（三）教练后的改变

这种改变主要来自受教练者的自我评价，且需要有相应的行为举证。受教练者身上的每一种改变，需要潜能教练在结束教练后的2~3个月内，开展360度反馈，做验证，以确保其中可见的行为变化同样被一起工作的同事看见并感知。

（四）反馈情况

征询反馈意见的对象的名单由受教练者自主提供，反馈结构化地体现为三个部分，分别是原来、现在、建议，均从事后跟踪反馈中获取第一手信息。如果碰到受教练者的下属员工不太习惯或不能接受以电话访谈的方式，给自己的直线经理做反馈，那么教练需要坦诚地表明，这个教练项目的目的是帮助他的经理更好地进步，然后询问他是否愿意提供对他本人有益的建议。教练会因坦诚的态度而收获反馈与建议。如果没有，潜能教练也不需要强求。

四个维度的评估较好地让教练和受教练者、组织方，明确了共同的目标是什么，其间发生了什么，有了哪些得到检验的变化。而附上的反馈，是教练对话结束后来自受教练者的利益相关方的反馈。受教练者可以据此为自己设定新一轮的行动计划。

四、从组织视角对能力、行为、业绩做效果评价

在项目结束后，潜能教练邀请公司的人事总监和项目经理，对项目开展专题复盘总结。

> 所有受训学员都是首次接触教练过程。在第一次面谈结束后，学员们都觉得这种1对1的辅导形式很新颖，了解到教练过程和普通培训的区别所在，还通过教练的引导找到解决问题的途径。所有学员都非常期待教练过程能给自己带来什

么变化。在导入教练过程一年后，我们很欣喜地看到，绝大部分受训学员身上都发生了一些好的转变，主要有以下方面：

1. 解决问题的能力的提升

教练带给大家的不是一个具体的专业知识，而是教会面对问题时，如何去解决问题的方式、方法。通过此次教练的辅导，学员们感受最深的就是经过老师的引导，自己能进行自我剖析，寻找问题的症结，从而找到解决办法。这种办法在通过不断反复的训练后，使得自身解决问题的能力上一个台阶。

2. 团队管理能力以及对上、对下的沟通能力显著提升

在日常管理中，学员们遇到的最大困难就是团队管理。经过此次辅导，绝大部分学员都表示自己在换位思考、沟通方式等方面都有进步，尤其是在学会教练方法后，能把方法运用到对团队成员的管理上，使得整个团队也受益于教练方法带来的进步。

学员感慨道："通过几次接受教练式提问，不敢说我的团队管理能力提升到了什么程度，但找到提升团队管理能力或解决忧虑的方法是问自己：我担心的问题是什么、我能怎么做、我决定怎么做、我什么时候开始做。我通过与自己内心的对话，依序寻找答案。管理情绪的能力至少提升50%，自我评估能力提升到90%，情绪上来时我能先静待3秒，给自己缓冲的时间以调整说话的语气和方式。"

3. 明确行动目标，执行力提升

通过教练的辅导，几乎所有学员都表示，要想提升自己的各项能力，最关键的一点就是将想法付诸实践，即提高执行

力。每次辅导后，教练都会跟踪记录执行的程度和效果，所以成员在培训结束后，都养成了分析问题、确定目标并立即执行的好习惯，并深刻体会到执行力提升带来的自身变化。学员说："几次教学的方式都是由我提出问题，然后寻找解决方法。营销活动如何赶超、创新思维如何培养、如何实现有效发展等，都是我实际面临的难题。教学中，我大胆地将自己的想法讲出来，还在老师的引导下，找到了所要坚持的方式与方法，并在教学之后付诸实践，我的信心也在这个过程中不断增强，对事后的效果也非常满意。我在三开营销第一次会谈时位列经营单元排行榜的末位，通过设计各种追赶计划并真正予以落实，最终一步步追赶到第三位。"

4. 自信心的增强

随着对自身认识的加深，解决问题能力的提高，学员的自信心逐步提升。学员们表示，在日常工作中潜能和创新能力也不断被挖掘出来，心态也变得越来越积极。

除以上四种主要变化外，学员还表示在情绪管理、时间管理和对趋势的预判等方面有进步。总之，学员们自身的改变不仅给自己，还给身边的同事带来耳目一新的感觉。

经过三期、耗时两年的教练式辅导，公司组织部门也注意到这些学员的变化与成长，其中有五位被提拔到更高的岗位上，承担起更重的责任，有两位选派交流到上级公司任职，其他几位也在原岗位上发挥出更大的作用。

第八章
人与事共振：员工能力建设和组织发展互相促进

提升队伍能力，以满足业务发展需求

在战略稳定期，队伍能力急需匹配上业务发展的要求，因此潜能教练发挥潜能激发环的激励作用，面向关键业务部门，构建从业务发展到队伍能力提升的系统性思考框架，支持关键业务部门澄清需求、确定目标、探寻原因、激发创意，并制订出队伍能力提升方案，确保整体队伍能力建设与组织发展一致，以支持业务目标的达成。

一、构建一个思维框架，通过业务发展需求解码队伍能力需求

人才引领发展。在数字化转型进程中，人力资源部门把业务部门视作其服务的客户，与客户一起分析、应对组织绩效需求背后的业务挑战，以提升队伍能力。

在明晰战略目标及业务目标后，潜能教练支持业务部门建立一个聚焦队伍绩效需求与能力需求的分析框架（见图8-1），分析业务发展需求与队伍达成目标所需的新绩效、新能力的关系，针对目标与现实之间的差距，寻找可控的因素与不可控的因素，并对可控的因素进行干预性设计，从而形成能力提升的方案，以助力绩效目标的达成。

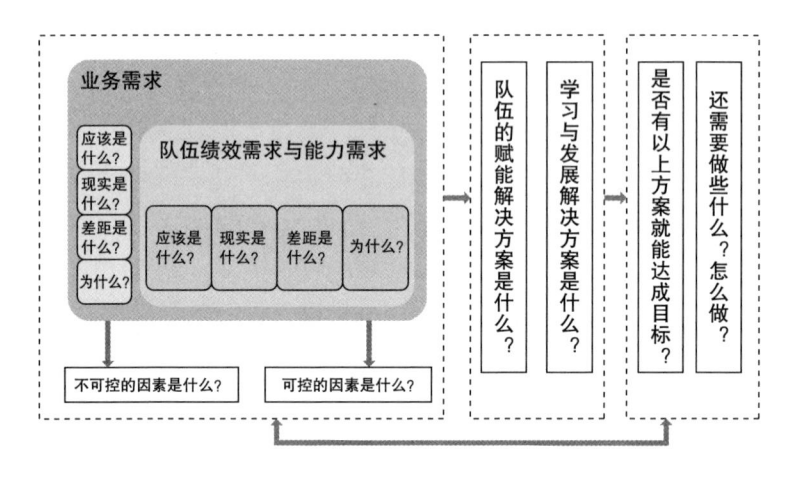

图8-1 聚焦队伍绩效需求与能力需求的分析框架

该框架包含五个部分：

第一，业务需求：组织需达成的发展目标或完成的工作任务。

第二，队伍绩效需求和能力需求：队伍完成发展目标或工作任务的工作业绩要求、工作行为和能力标准。

第三，可控因素与不可控因素：把影响工作业绩、工作行为和能力的因素，划分为可控与不可控两类。一般来说，超出组织边界的是不可控因素，属于组织内部的为可控因素；超出该部门或员工可控边界的为不可控因素，属于能自主掌控的为可控因素。

第四，针对队伍的赋能方案和学习发展方案：设计赋能队伍完成工作任务、达成业绩的方案，以及支持员工在工作中得以成长和发展的方案。

第五，针对组织的变革方案：分析队伍赋能和发展方案所无法解决的问题，提出组织设计、能力再构、流程重塑、制度创新、文化氛围营造等方案。

与此同时，潜能教练也支持业务部门对其不可控且关键的绩效因素进行分析，比如跨部门协同、系统合作、培育创新文化等，而这既要通过战略目标引领，帮助业务部门超越其所在的子系统，又要通过更大范围的系统性设计来提供针对性方案，并确保其能落地。

二、用提问代替下结论，深度探索制约目标达成的可控因素

潜能教练根据业务发展的需要，主动抛出问题，深度挖掘价值，从而激发潜能。

相比外部教练、咨询顾问，组织内部的潜能教练具有不可替代的

优势：熟悉业务背景、了解业务逻辑、深谙组织文化，容易建立与业务部门的信任合作关系。面对业务部门的"行活"，潜能教练以特有的思维结构，跳出业务的局限，提出有价值的问题，激发业务部门关键人转换角度，梳理思路，深度探索，理清目标，产生洞见。同时，潜能教练在过程中向业务部门学习，更好地理解业务、理解需求。

有两种类型的提问可以支持业务部门关键人做深度探索。

一是提出有启发性的问题。用正确的方式问开放、具体、中立的问题，能引人深思。

二是符合业务逻辑的闭环思路的提问。这类提问分为三个层级：应当是什么；实际是什么；为什么。

"应当是什么"是关于业务发展和队伍绩效要求的提问。业务发展要求探寻并明确可量化的业绩目标和衡量标准；队伍绩效要求探寻人员最佳工作的标准。比如：

> 实现某款产品的市场覆盖率达到15%。
> 对于实现某款产品的市场覆盖率达到15%的相关部门和人员，各自应该具备什么能力，做什么事，完成什么任务，达到什么标准。

"是什么"是了解业务发展与队伍绩效达成的现实情况的提问。

"为什么"是了解无法达成业务目标和理想绩效的原因的提问。

潜能教练通过提问，与业务伙伴共同明确：在影响达成业务需求和员工的绩效需求、能力需求层面，哪些是可控因素，哪些是不可控因素。对可控因素，业务部门应当设计清晰的目标和方案，设定成果检验标准。提问如下：

- 哪些因素在阻碍着业务目标的达成？
- 如果把这些因素归类，哪些是可控因素，哪些是不可控因素？为什么？
- 如果把这些因素按照重要性排序，是什么情况？
- 哪些因素是根本性因素？如果不解决，是否直接影响业务目标的达成？
- 可控因素之间有什么关联？最关键的可控因素是什么？
- 与达成员工的绩效需求相关的可控因素是什么？
- 与达成员工的绩效需求相关的能力要求是什么？差距在哪里？是什么造成了差距？
- 员工需要做什么才能证明他们具备了新绩效要求的能力？差距在哪里？是什么造成了差距？
- 该解决方案要缩小哪些差距？达成的主要目标是什么？
- 针对性解决方案中的关键举措有哪些？如何保证举措的有效性？
- 怎么知道设计的举措都与目标达成是强相关的？
- 在实施过程中可能出现的困难和挑战有哪些？如何提前防范？
- 设定方案在什么时候实施？整体的执行周期有多久？

- 哪些人要参与进来？如何确保他们的投入度和承诺度？
- 如何确保解决方案落地和有效的过程检验的开展？
- 最终产生的成果是什么？

潜能教练也支持组织分析市场竞争、客户需求变化等不可控因素，促进组织深度思考"如何应对变化，以持续创造价值"，比如跳出能力等局限，从确保可持续发展的未来视角，进行组织能力重构，并找到相应的行动举措。潜能教练可用如下提问：
- 客户与市场需要我们有什么能力？
- 我们如何快速地具备这样的能力？
- 什么是我们在发展中需要从无到有、咬紧牙关持续坚持打造的核心能力？
- 哪些旧有的能力事实上禁锢了我们的再创新？

三、用共创代替出主意，激发业务部门理清并确定需求和解决方案

潜能教练与业务部门进行对话时，事先并不预设解题方案，但设置整体解题框架，通过提问，与业务部门关键人员共创解题方案。潜能教练围绕既定的思维结构，在对话中层层展开，支持业务部门担负起界定需求、明晰目标与方案的责任。共创要避免带着事先设计好的提纲，否则会让业务部门感觉是在完成既定的访谈任务，而如此一来，它就会配合着展示最佳的一面，缺少主动展现劣势和弱点的一面。

潜能教练依照战略—业务—目标—工作任务—人的行为、能力、

意愿的基本逻辑，设计整体思维结构（见图8-2），把工作关联到人，实现人事贯通。

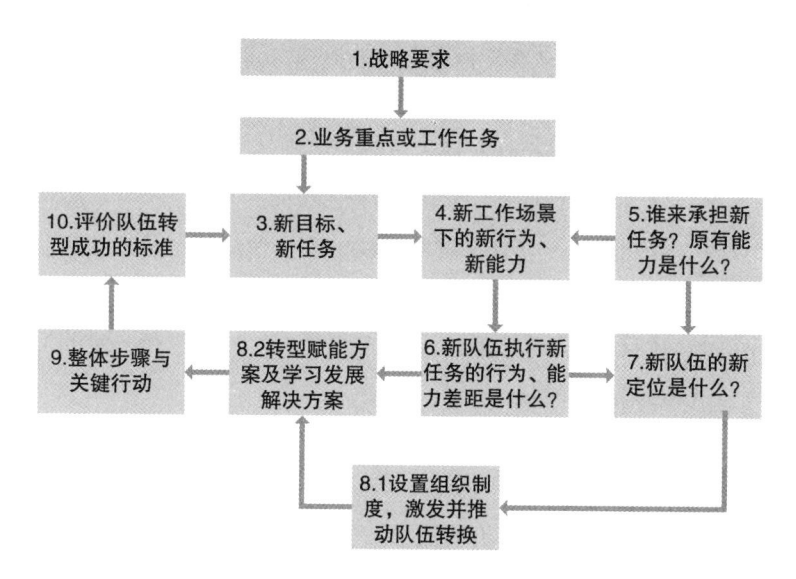

图8-2 与业务部门共创队伍转型赋能与发展的思维结构

潜能教练永远不要以为自己比业务部门知道的多，也永远不要以为自己比他们专业。对于客户要解决的问题，永远是客户更富有资源。潜能教练着重于如何作用于人，使其更具备主动性和创造力。如果有什么令潜能教练有别于企业外部的人力资源从业人员，那应该是业务理解能力和潜能激发能力。潜能教练与客户共创，识别出挑战和需要解决的问题、真正想要达成的目标，从而找出能快速推进的解决方案和工作举措。

潜能教练可以运用教练式对话，在对话开始前询问：
- 对于我们今天的交流，得到什么样的结果是最好的？

潜能教练也可以先从客户目前面对的挑战、问题与想要达成的业务目标入手，深入挖掘，在过程中询问客户：
- 想要设定一个什么样的目标？
- 什么样的目标是切实可行的？
- 我们要有一套什么样的解决方案去达成这个目标？我们对解决方案所涉及的相关举措的可控程度如何？
- 还有哪些障碍是我们要提前考虑好，并且进行一定的设计和部署安排的？
- 最终，你怎么知道这个目标真的达成了？

潜能教练站在人力资源价值挖掘与创造的角度，赋能队伍成长，支持组织快速、高效地创造价值。潜能教练促进客户自我学习，把目标设定与解决方案的思考、谋划交给业务部门来完成，而自己负责构建合作关系，提供对话过程，这也属于价值共创的一部分。

也许你会疑问，人力资源部门不具备潜能教练的身份与专业技能，与业务部门的对话是否就行不通了呢？笔者的回答是：人力资源部门通过政策、文件等各种指令提出工作要求，更适合部署工作。在与业务部门的横向对话中，人力资源部门提出基于特定思维框架的关键问题，有助于开展与业务部门的深度交流，促进队伍建设与业务发展的高质量融合，合力创造价值。

四、实践案例：与业务部门关键决策人，共创复合型数字人才培养方案

业务部门一拿到目标就急着干，容易忽视赋予队伍完成新任务所需要的新能力。磨刀不误砍柴工，潜能教练基于"人"的角度与业务单元基于"事"的角度展开对话，从业务部门关键决策人"口中"找答案，得到队伍赋能的内容、赋能的有效举措，而赋能的评估也能更有针对性、创造力地激发员工投入新场景、新任务。以下"能培育出一批复合型人才吗"的案例，记录了"人"与"事"共创的过程。

能培养出一批复合型人才吗

眼前的这位部门负责人，刚履新职。这是我们第一次见面，但事先已经约定了就下一年度的关键人才培养需求做例行访谈。他寒暄了两句就直奔主题，这让我感受到他特有的专业态度、追求效率、务实。

他说："我想要更多的复合型人才，你能帮我培养一批复合型人才吗？"

需求听起来非常直接，并且他事先也想好了真正想要的是什么。

传统概念上的复合型人才大概就是"T"字型人才。他们是在纵向专业上比较强，同时善于平行沟通、协调处理问题的人才。直觉告诉我，此刻他所指的复合型人才有特殊的定义。管理者有时候习惯为一个常规的概念赋予新的内涵，而

在这个新的内涵中,他们注入了自己的理解(除非是约定俗成的)。如果我没有讲清楚,很容易让听的人不能准确理解。所以,我就很直接而好奇地问道:"您能说说您对复合型人才的具体要求吗?"

他略微停顿了一下,然后就展开阐述。

他指的复合型人才是既能懂得IT的基本原理与架构、流程,也懂大数据的基本原理与应用技术,还懂企业业务运营的基本规则与流程,听得懂具体的业务语言背后的需求,并将其转化为大数据平台、技术所能提供的解决方案的人才。他们还要有数据驱动的场景化解决问题的能力。我将其总结为"四个懂一个能转化",即最初的"复合型人才"的雏形。

到哪里去找这样的人才呢?什么样的人才能快速成为一个"四个懂一个能转化"的复合型人才呢?

我清楚地知道,此时要做的事情,早已不再是接手一个简单的培训计划。最重要的是要"真正"地满足培养"复合型人才"的需求。可是,怎么培养呢?

一个问题有且总是有三个以上解决方案。解题的乐趣在于总是能在思考不同解题方式的过程中,灵光乍现,发现一个能对自己有所交代的最佳解决方案。至少有以下三个方案可以选择。

方案一是,按照"缺什么补什么"的方式,把现有的队伍按照复合型人才的标准培养。

这个方案的最大优点是开始全面普及性培训。缺陷是不知道什么样的复合型人才才是组织发展真正需要的复合型人才。让员工成为复合型人才是整个队伍渐次递进的过程。组织在培养之初对新型人才设定的标准，没有在业务发展中得到过检验，未必是能满足新任务需要的标准。检验效果滞后，就意味着培养初始的赋能值可能存有设定出错的风险。尽管培训方案允许迭代，但事关人才培养和应用，可能隐藏其中的偏差对组织发展来说，也是不小的风险。

方案二是，在现有队伍中，选择最有条件、最有基础的准标杆队伍，先行培训，让他们在能力提升，成为实干家、内训师后，再带动周围同事，一起成为复合型人才。

这个方案与第一个方案相比，最大的优点是效率高、聚焦、集中，也符合整体队伍逐步转型的要求。但是，其中依然存在一些问题：如何知道初始时为这个队伍注入的赋能内容，就是它真正需要的？如何知道培养的人才是真正有用的？为了提高培养的精准性，组织也需要进行人员选拔，选择合适的人开展针对性培养。但这势必会加大投入，增加组织的人力成本。

同时，上述两个方案都没有正面回答一个共同的问题——人才评价标准。一个人永远不是凭懂得多少知识，学了多少课程，阅读了多少本书，就成为一名复合型人才的。

这位部门负责人需要的是"通过数据驱动让业务运营变得高效甚至智能"的复合型人才，需要符合实际生产运营需要，并通过实践的真实场景被真正干出来的业绩证明了的复合型人才。

回顾这个过程发现：这确实是一个让我挥之不去，脑子变糨糊的思考题。

——培养复合型人才干什么呢？

——要满足数据驱动的场景化解决问题能力的需求。

如果换一个思考维度呢？直接从业务需求——数据驱动的场景化解决问题能力，来看队伍培养呢？

维度一改变，解题思路确实就不同了，这需要把数据驱动的场景化问题先定义清楚。我们的交流也就变成实质性的探索。我的提问开启了：

- 要实现数据驱动的业务场景分别是哪几个？要靠数据解决什么问题？达成什么目标？
- 靠一个人可以吗？哪些人需要参与其中，共同来解决问题？
- 这些需要参与的人大概可以分为哪几类？
- 为了解决这个问题，这些人都需要有哪些新的能力？他们原来的基础怎么样？
- 需要分别增加哪些赋能内容，才能更好地支持他们共同完成这个场景化的任务？
- 怎么知道他们已经掌握并能运用这些新的能力？
- 什么样的策略与工具、组织方式，能促进他们学用转化？
- 如何知道所做的培养是有效的，且没有多余的动作？

好的问题确实如同一个水龙头，拧开后，就有很多想法冒出来。这些问题的答案，并非来自我自己，而是来自业务部门的负责人。我只是提问，并留心这些答案缓缓地冒出来，然后快速地整合它们，整体解决方案的轮廓就出现了。这是一个非常有趣的合作创造过程。紧接着，一个近乎大胆，甚至有点冒险的方案就出现了。

方案三是，以真实的业务目标为牵引，把前、中、后台相关的专业人员聚集起来，组成一个专业的数据驱动团队，并围绕具体业务目标开展组织赋能，实现前、中、后台跨部门联合，设计策略和任务，同时组织考核与评估。

自然，这个方案的突出优点是：直接通过队伍培养人才，保证培养的效果可以通过业务成果得到部分的闭环检验。为什么是部分的闭环检验而不是全部？因为每一个业务结果的达成，还涉及队伍因素外的其他诸多因素。尽管在转型期，队伍所具备的新能力是一个关键要素，缺了新的能力肯定不行，但光有新的能力，没有来自组织的目标牵引、动机触发、氛围催化与制度支持、组织保障，也是万万不能的。这也是为什么永远不能把业务成果的达成全部归功于培养队伍本身的"宿命"。

驱动员工和组织能力转型

在战略转型期，潜能教练作为一名赋能激发者，以组织转型目标为牵引，带着成果导向，来实现员工和组织共同成长。潜能教练支持组织面向客户创造价值，系统构建驱动员工和组织转型并共创价值的思考框架，激发关键部门、关键决策人识别出转型机遇与价值创造空间，激发组织能力重构，指引员工在组织平台上终身学习，并具备与组织转型目标相一致的新能力，与组织共创新的发展价值。

一、穿越价值链流程，识别数字化应用的机会点

组织发展必然面临挑战，若得以突破并取得实质性成果，就能实

现自我发展、完善与迭代。突破的挑战性越大，组织的潜能激发越深刻。

在数字化转型时代，所有组织都在回答同一个问题：

> 如何把握数字化转型的机遇，运用数字化思维与技术、工具、能力，建立与数字化发展相匹配的产品体系、服务体系、运营体系、业务流程、组织机制、组织文化等。

潜能教练在组织数字化转型中，基于特定的绩效框架，从业务视角切入，发掘更多的绩效改进机会点。所有机会点的识别，从关键问题开始：

> 什么是真正能产生业务价值、创造客户价值的大数据技术应用？大数据技术应用在业务中，解决业务流中的什么问题最能产生价值？

回答这两个问题，既是满足组织自身转型，提升数字化理解及应用水平的需要，也是满足组织与客户在数字化转型中有效地互动的需要，是价值创造的必然之路。

在具体机会点的识别上，潜能教练需要与所有关键业务部门通过研讨会的方式，完整地梳理组织的整体价值链，找到应用大数据技术解决具体的业务问题，从而创造客户价值的潜在机会点。

识别出创造客户价值的潜在机会点的基本思维结构（见图8-3）分为客户需求理解、客户价值创造、客户价值实现三个部分。

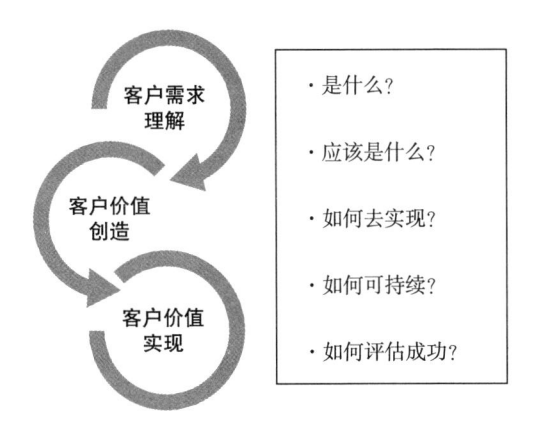

图8-3　识别出创造客户价值的潜在机会点的基本思维结构

一是客户需求理解。潜能教练与业务部门一起探讨客户的业务场景、客户所处行业的发展环境，以及客户所期待的需求，理解客户的场景化需求，得到超越客户现有期望值的答案。

二是客户价值创造。潜能教练与业务部门一起了解本组织的环境、资源、能力以及生态、行业、产业环境，共同探讨用什么样的流程与制度，让组织高效运营，以支持客户价值创造。

三是客户价值实现。潜能教练与业务部门一起了解客户需求和组织能力、生态能力、队伍能力，共同探讨通过什么样的人、什么样的团队、提供什么样的产品或解决方案，来实现客户价值。

潜能教练聚焦上述三个部分，思考：是什么？应该是什么？如何去实现？如何可持续？如何评估成功？潜能教练结合具体需求场景、不同的生产运营内容，逐一提出关键问题，深度探寻数字化转型的新机会点。

二、探索数字化创造价值的关键问题，激发组织创新

找到根本的问题是解决问题的根本。数字化转型背后的方法论的本质还是解决问题的方法论。潜能教练邀请组织内相关业务部门，共同探讨特定的任务背景，联系内外部情况，然后分析并解决问题。

在理解客户需求的起点，潜能教练与业务部门共同探讨六类关键问题：
- 怎么找到并理解客户需求？
- 如果一定要通过大数据技术去找到并理解客户需求，如何做呢？
- 业内标杆如何通过新技术应用更好地理解客户需求？我们之间的不同点是什么？
- 关于对客户需求的理解，我们应该是怎么样的？
- 这意味着我们的现有做法要做出哪些改变与调整？这样做对业务发展的价值到底有多大？
- 如何知道用新的方式来理解客户需求是有价值的？

在客户价值创造的流程中，潜能教练与业务部门共同探讨六类关键问题：
- 我们怎样把对客户需求的理解转化为价值创造的流程？
- 对于为业务自身带来的价值、为客户提供的价值，组织内部有一条怎样的关键价值链？
- 组织内价值创造的关键价值链是什么？有哪些关键的价值创造节点？这些价值创造节点在解决什么问题？
- 大数据技术在这些具体问题的解决过程中，产生什么样的价值？表现为什么？是如何应用的？
- 这样的技术应用创新，给业务价值或客户价值创造带来的影响是什么？如何持续运营发展？
- 如何衡量并评估应用大数据技术带来的价值？

在客户价值实现的流程中，潜能教练与业务部门共同探讨六类关键问题：
- 提供给内外部客户的产品或解决方案是什么？
- 产品或解决方案在客户端，要经历怎样的运营过程才能真正实现价值？
- 保证价值实现可持续的关键运营流程是什么？关键节点是什么？这些价值实现流程的运营节点在解决什么样的问题？
- 在价值实现的过程中，新技术、新运营模式如何在解决具体问题上发挥作用？
- 为业务和客户带来的价值实现是否可持续？真正能持续产生价值的技术应用与持续运营应该是什么样的？
- 具体如何衡量并评估应用新技术、提供新的运营模式所带来的价值？

敏锐的洞见并非只来自对客户需求、业务逻辑的理解，更来自过程中对制度、价值观影响着整个组织的发现。关键业务部门的关键决策人，能产生超越惯性思维的觉察，获得组织发展中的盲点觉察，并使其成为组织进行自我改进、迭代的契机。

留不住数据工程师的运营流程

一家公司发现，招进来的数据工程师总是留不住。尽管其在薪酬、待遇等方面配套了足够优质的激励举措，但留人还是很困难。在一次共创研讨中，"实现可持续的关键运营流程是什么"这个问题引发了业务部门和关键决策人的深思。在共创研讨中他们发现谁也说不清楚持续运营的关键流程是什么，同时似乎总有一些人可以站在业务需求的角度上，以自己的观点与建议去评价或改变流程，这让数据工程师很耗神，因为他们需要不断地去理解、解释或调整以符合所谓的业务需求。

但谁最清楚如何用技术运营方式来满足业务需求？自然是数据工程师。后来，这家公司为鼓励大数据工程师坚持用数据技术来解决业务问题，从而能通过大胆创新来创造出数字化产品，明确了一个独特的产品运营机制：不允许用超出技术范畴的逻辑去评价产品，否则评价的人就需要亲自下场做数字产品，自己亲身实践。通过这样的方式，激发数据工程师直面需求，真正为自研的数字产品负责，同时深化了用技术创造价值的公司文化。同样，业务部门可以提业务需求，但不能因为要满足业务需求而随意改变技术运营的逻辑和流程，要理清需求与运营之间的关系。

潜能教练激发组织创新的作用十分独特。支持组织拓展思维以做关键决策，从而创造性地解决问题，这无疑支持着组织拥抱变化、接受挑战，实现新的成长。

组织的潜能激发来自面对挑战时的求变性突破，而突破的前提条件是针对目标达成，找到关键问题，并设定衡量成果的检验标准。越是面对卡口或挑战，组织越需要完善自我认知，回归为客户创造价值的初心，重新认识与了解自己，同时与外在环境保持互动，保持敏捷的自我学习力。组织的自我认知的提升，并不是来自组织最高决策人的孤军奋战，而是来自组织的中高层管理者、关键队伍的共同认知模式转变。潜能教练支持他们重新认识变化、理解客户、审视自我、拓宽认知深度与宽度，就战略方向和目标达成共识，合力突破卡点，激发出创新性思想和创造活力，在愿景、目标的引领下，让组织有能力持续识别机会点，创造新的内部能力，提升服务客户的本领，从而达成高品质的业绩目标。一个组织通过自我突破实现新的价值创造，就是在挑战中成长，这是最可靠的潜力激发方式。

三、从客户需求出发，驱动组织和员工能力转型

组织转型和员工能力转型的根本目的是满足客户需求。有些业务部门会把赋能作为满足客户需求的首选动作，就如同用手中的榔头寻找钉子一样自然。最常见的是在销售领域，只要业绩不理

想,直接的干预对策就是开展一线队伍赋能。但现实往往是,满足客户需求既提出员工能力的相关要求,更提出组织能力的相关要求。

让我们一起分析一个企业数字化转型的案例,来理解潜能教练从客户视角驱动组织和员工进行能力转型的作用。

背景:
潜能教练从业务部门的具体联系人的口中得知,他们需要解决四个问题:一是在思维认知层面培养运用大数据技术的习惯;二是在组织设计层面提供改变传统流程的数据运营应用;三是在协同合作层面促进跨部门协同;四是在制度建设层面构建支持数据运营的机制。显然,业务部门对此已有了四个问题的解题思路。

对于第一个问题,业务部门习惯性地使用传统赋能方案,普及性培训,采用大数据课程与应用案例,让每个人都参与学习(含在线、面授学习等),赋能队伍以建立大数据基本认知。

对于第二个问题,业务部门使用常规的组织变革方法,确定涉及变革流程的相关部门关键人,就某一项或几项具体的业务流程,围绕整条价值链的创造过程与实现过程,进行重新梳理,减少、合并、调整节点,新增必要的流程节点。

对于第三个问题,组织做出制度性安排,设计跨部门虚拟团队,通过高频次会议沟通、考核制度设计等,促进跨部门协同,并且高层领导在不同场合积极倡导部门协同合作的文化。

对于第四个问题,组织中推进转型变革的智囊团或运营团队,为此做出了持续的努力,以期能设计出一套完整、周密且有效的运营机制。

潜能教练对这些问题的理解思路与常规解题思路有些不同,他会建立从满足客户需求到提升组织能力、员工能力的系统逻辑,并通过这个系统逻辑,开展与具体业务部门关键人的对话,以客户需求驱动组织能力、队伍能力建设,并能提出贯彻到底的创造性解决方案,在赋能人、激发人的过程中,推动组织能力的积累与重构,而其中包含必要的流程创新及制度变革。

具体的研讨、思考逻辑,依然是通过提问的方式,分层展开。

第一部分为理解客户需求,设定场景。思考的问题有:
- 要实现的业务目标是什么?
- 真实的客户需求在哪里?真实的客户需求是什么?
- 在业务目标实现的过程中,通过大数据技术应用能真正带来价值、满足客户需求的具体场景分别是什么?
- 客户需要通过大数据等相关技术获得的价值是什么?

第二部分为组织能力与客户需求的匹配。思考的问题有:
- 满足具体的场景化客户需求,应该提供的组织能力是什么?
- 在满足客户需求的组织能力中,已有的组织能力有哪些?欠缺的组织能力是什么?
- 已有的组织能力满足客户需求的表现如何?如何进行跨

区域调整？
- 欠缺的组织能力通过什么方式获得？
- 分析现有的客户场景化需求，有哪些组织能力是目前不具备但要开始积累的？
- 如何积累满足客户需求所需的组织能力？成功标准是什么？
- 现有流程、机制如何改革以更利于组织能力的整体发挥？

第三部分为员工能力与客户需求的匹配。思考的问题有：
- 客户需要的能力提供应该由哪些单位、哪些部门、哪些团队、哪些人来参与实现？如何提供？
- 这些业务场景中的业务目标达成，是通过员工个人还是不同专业的人组成的团队？
- 这些人或团队各自需要有什么样的能力？
- 如何赋能才是最佳解决方案？成功赋能员工的标准是什么？
- 在实际运营中，需要什么样的资源支持与保障？组织内部可提供什么样的资源？
- 如何整合必要的内外部资源、运营流程，以赋能员工快速创造和实现客户价值？

第四部分为成果达成的举证闭环和可持续保障。思考的问题有：
- 如何知道赋能组织和赋能员工是有效的？
- 如何确保人或团队的积极性能保持稳定？
- 如何确保组织在满足客户需求的过程中积累能力？

- 如何确保组织在过程中找到新的工作方法及工作流程？
- 如何验证业务目标达成与激发队伍潜能之间的一致性？
- 如何验证业务目标达成与激发组织潜能之间的一致性？

这些问题可以把业务目标、客户需求、工作场景、提供的组织能力、参与人或团队、人或团队的能力要求、动力激发、流程保证、资源保障、机制设计、成果评估等，都连成前后贯穿一致的闭环思考路径。潜能教练结合具体的命题，灵活运用这套思考题，以支持业务部门获取关于创造性解决方案的灵感。

潜能教练有机会从整体系统的高度，支持组织中的关键部门、关键部门决策人、关键专业团队，以满足客户需求的业务结果为目标，识别机会点，掌握新能力，富有策略地缩小差距，建立新流程与机制，达成新绩效。

这也促进管理者在数字化转型进程中做反思：
- 我和我的团队要学习什么新知识、新技能、新工具与新方法，才能更好地投入数字化转型？
- 目前我和我的团队每天的工作内容，在多大程度上与数字化转型的业务目标保持一致？
- 我和我的团队的能力与达成战略目标所需要的能力之间，差距如何？
- 我和我的团队有什么核心能力是与战略目标保持一致的？存在的主要差距是什么？
- 除核心能力外，要实现客户价值，还需要获取哪些外部资源？如何获取？
- 我和我的团队在为客户创造价值的过程中发挥的作用是什么？有哪些是与战略目标一致的？
- 我可以做出的改变是什么？

四、员工和组织相互依存，共创第二条增长曲线

组织的第二条增长曲线就是组织的潜能激发。组织是员工成长、发展的平台，没有组织转型目标的牵引，员工赖以成长的平台就会缺少发展动力和可持续性；员工是组织能力、组织力量的来源，没有员工的潜能释放和能力增长，组织根本无法积累独有的组织能力。数字时代，人才引领组织发展，人与组织成为发展的一体两面，相互依存，共创发展。以下"关于人与组织创新的对话片段"，让我们切实感受到人与组织的共创共赢关系。

关于人与组织创新的对话片段

问：作为人力资源部门的负责人，您是如何理解创新的？
答：创新不是独立的。创新是基于需求的整合。创新要带来价值。我们的创新是被逼出来的，用来解决当下的需求、当下的问题。
问：在你看来，当下的问题主要表现为什么？
答：第一，没有更多的外包费用，需要自己来解决问题。所以，我们必须着手自己队伍的培养，建立起自己的研发队伍。但是我们在眼界上有局限性。

第二，资源的局限性。要想提高资源的利用率，就要创新，就要在规划、建设等运营流程中，进行全流程创新，从而节约亿元级的费用。

第三，新的任务需要跨越不同的部门，整合不同的资源来协同合作。这就让我们跨部门的创新团队得以组建。

第四，在人才队伍的建设上，绝对要突破，否则能力永远跟不上。

第五，在资源有限的情况下把事情做好，要整合企业内外部资源，要有突破。

问：什么样的基本条件才能支持到创新呢？

答：首先，最关键的是人——在认识上有前瞻性、有实践能力的人。不能是外部的人来帮我们做，是我们自己培养队伍，而队伍的价值必须可衡量。

然后是投资成本：要根据可预见的价值来定义资源的投入。

最后是技术手段要革新，公司要保障、支持技术手段的革新。当然，领导者一定要身体力行，真正地构建出鼓励创新的氛围和机制。

问：您认为创新的动力可衡量吗？如果可以，又该如何衡量？

答：创新的动力是可以衡量的，关键在于其是否为企业创造价值。首先是原动力激发，要创造一套机制鼓励员工争大奖。年初工作规划时企业就考虑今年要在哪个方面突破，要有向外的对标，不能只是关门搞创新对标，面对问题时要持续改进。面对工作压力，企业要聚焦目标，穷则思变。

问：您如何理解核心能力？

答：挖掘我们的核心资源，形成产品的能力就是核心能力。

这要求我们要前瞻性地引领，做出基于核心资源优势的产品创新。

问：要形成这样的能力，在机制上要有什么样的思考或举措？

答：设立单项投资和微创新平台，鼓励人人参与并自主管理；设立四级专家体系，有进有出，每年淘汰。企业要重视与组织发展相匹配的高精尖人才激励，让他们直接拍板决策，体现出组织对他们的器重。企业要建立自主开发的工作站，鼓励自己的员工做软件开发，加入自主研发体系，在内部开展竞标。

问：关于后续行动，有什么设想？

答：首先，一定要建立起需求驱动的创新体系。创新体系要与问题结合起来。其次，要辩证地看待技术创新与管理、业务创新之间的关系。最后，现阶段关键的创新与转型队伍建立起来了，要抓好了，要对关键能力建设能起到积极作用。当前，我们人力资源部门的重心在于让队伍的能力能起到挖掘核心资源的价值的作用，特别是大数据驱动业务的队伍。

后记

当我决定写本书的时候,内心充满了期待,同时有一份忐忑。我期待有一本书展现个人在教练学习与实践中的真正心得,涉及思维、认知和感悟,还有技能、实践方面的收获,以一本书与读者展开对话。

我认为所有的工作成果,都是由我们每一个人自己的行为反映出来的。我相信每一个人都有潜能,只是未经看到、未经留意、未经激发。

我从事教练十多个年头。回头一望,从不知道教练是什么到成为一名专业认证的教练,为组织培养教练,提供企业教练、高管教练服务,为教练社群提供教练督导服务,这是一段学习旅程,是一个人由内而外的变化之旅,是一个持续在实践、觉察、转化的过程。我真正地体验到活到老,学到老,并不仅仅是一个人终其一生在阅读、学习知识、探索未知,更有一路学习带来的反思、觉察、修正与调适,这才是学习带来的成长。我记得费孝通在《乡土中国》中对孔子的"学而时习之,不亦说乎"有过独到的解释,他认为学习是和陌生事物从最初接触到不断深化直至熟悉并建立起亲密感觉的过程。我确实在教练过程中体会到这样的感觉。学然后思、思然后觉、觉然后行、行然后悟,让自己在工作、生活等方面,不断地通过知与行的统一,观察、探索、领悟到人生的内涵。不管是成功和喜悦,还是挫折与伤痛,都成为自己成长的礼物。这应该是每一名致力于学习教练的人所能够收获的最好礼物。世界是由每一个个体组成的整体,在人类心智模式的变化中,没有什么比一个人的内在蜕变、成长更重要的了。

我相信很多人与我一样,正在经历这种学习成长过程。这个过程带给人的成长,远远超越了信息、知识的吸收,更有自身在实践中、在为人处世中真正的转化性吸收、超越性突破。在我看来,持续地自我修习精进、自我实现超越的进程没有终点。踏入这样的进程,我们就会看到自己起心动念的意图,对想要达成的目标也会有清晰的理解与边界设定;并非为所欲为,而是有所为、有所不为;并非愿望很多,而是愿望聚焦而坚定。为了实现愿望所做的努力,不仅仅是每段时间的安排,更多的是专注力与想要达成的目标保持一致。考虑到工作、生活、朋友圈、专业群体内的关系,我们置身于不断变化的内外部环境中,觉知到每一个变化带来的挑战、扩展及拉伸。对自身存在有更多的理解与体会,在不知不觉中会再次影响起心动念的意图,同时我们也会注意到这些意图中变化的是丰富性、多样性、扩展性,不变的还是那份强烈的责任感与归属感。当然，这份责任感与归属感的来源，是我自己感知到自己究竟是谁，而这也与我一直在其中工作的组织有关。

我始终对培养我成长的组织心怀感恩。那些经历的挫折、不如意、让人感到难受的人和事，事实上，都是成长路上不同形式的礼物。一个人在独自前行的路上，碰到了拦路虎，走进了一个迷宫，都是路途的一部分，但他经历了、走过了，并因此在内心植入了新的理解、包容、智慧与力量，就是一份尤为成功的礼物。当然，激发我产生如此强烈归属感的，事实上更多的还是那些在前行道路上给予我指导、帮助的人，他们都是我生命非常重要的组成部分。有时候，亲情、友情、师生情、同事之情、团队之情等，会有序地组合在一个人前行的"生命光谱"中。就如我们在前行的路上，总会有人送你一个装备，有人送你一本秘籍，有人为你带来一束光，还有人总是在默默陪伴并祝福着你，让你感受到总有一种目光在鼓励着自己前行。

我的教练宣言是：让生命向未知舒展。在我热爱的教练领域，我致力于成为一名企业教练、高管教练、潜能教练，让遇见我的每一个人都能看到、感受到并持续地激发出自己独特的禀赋与能力。我之所以定位为企业教练，主要是因为这与我的工作背景、工作平台有关。在长达30多年的职业生涯中，我一直在有着几十万名员工的大型企业中工作。在我绝大部分的工作时间里，我有一些宝贵的机会，与企业内外部不同层级的领导者、管理者有深入接触。当然，我所服务的客户也包含我带领的团队成员，以及那些给予我信任，让我有机会能与他们有深度对话的组织内外部客户。如果说企业教练、高管教练的定位，是关于服务平台和服务对象的，那么潜能教练的定位则更多涉及教练的内容域。我致力于激发每一个信任我，与我合作一起开展自我探索的客户，激发他们身上的潜能，让他们经由教练发现自己、理解自己。我意识到潜能教练并聚焦在这个内容域，并非从一开始就很明确。刚开始我也和所有学习者一样，对将来究竟要定位在哪片区域是不清楚的。一个偶然的机会（受邀提供高潜人才教练服务，持续跟踪这个群体的变化以及这家公司的业绩变化）让我意识到，教练对特定人才的潜能激发作用，以及因此带来的组织业绩的提升作用。随后几年，我开始尝试为科技创新型人才提供一对一教练对话服务，并逐步将其扩大至200多名学员的长期教练。我为他们建立关于个人特质的成长档案，观察、记录其间他们心智的变化与成长。他们会在经历多次教练对话后，明确地告诉我，他们学会了这种目标指引、成果导向的思维方式，并将其运用到自我对话、与团队成员的对话中，这让他们找到了一个全新的思考框架，显得更加富有自主性、创造性和灵活性。我也感受到，经由教练激发潜能，支持科技创新型人才探索内在潜能，明晰自我认知，觉察个人价值追求，并支持建立个人目标与组织目标一致的关系，在一定程度上对一个团队、一个组织的发展，确实能起到积极正向的支持作用。在本书的最后，我意外地洞见了科技创新型人才的潜能激发与组织潜能激发之间的强关联，主要是因为这个群体通过发挥自我潜力带来的科技变革与创新，直接成为组织潜能的一部分，这让我特别为之欣喜，并为之感到自豪。同时，我也意识到，在这个领域，还有很多值得深入研究与实践的空白领域，等待着我和读了本书的同行人，一起前行探索。

在后记的最后，我的眼前自然地浮现出那么多特别想要感谢的人。首先当然是我教练的客户和培养的学员，感谢他们给予我持续的信任与慷慨的肯定。在教练过程中，他们的潜在智慧给我一种全新的学习体验，他们的回应和改变让我喜悦，并帮助我丰富对人和组织关系的理解，让我稳步地走在教练这条路上。其次是我的领导和同事们，他们无时无刻不在用各种方式鼓励着我，为我蹒跚起步的教练提供信任，为本书的出现提供帮助和指导。最后是我的家人和挚友，他们总是无条件地支持并赞扬我，让我可以全身心地把忙碌工作之余的休息时间都投入写作。我要特别感谢我的孩子，她在繁忙的研究工作中，以年轻的科学家、朋友、女儿三个角色来鼓励和支持我。谨以此书献给他们！